# 아들에게
### 삶에 중요한 문턱에서 꼭 기억했으면 하는 것들

아들에게 삶의 중요한 문턱에서
꼭 기억했으면 하는 것들

**초판 1쇄 인쇄** | 2025년 6월 17일
**초판 1쇄 발행** | 2025년 6월 27일

**지은이** | 필립 체스터필드
**옮긴이** | 이진
**펴낸이** | 구본건
**펴낸곳** | 비바체
**주소** | (07668) 서울, 강서구 등촌로39길 23-10, 202호
**전화** | 070-7868-7849　**팩스** | 0504-424-7849
**전자우편** | vivacebook@naver.com

**본문** | 미토스
**표지** | ㊞

ⓒ 비바체
**ISBN** 979-11-93221-36-5  03320

※ 잘못 만들어진 책은 구입처에서 교환 가능합니다.

# 아들에게
## 삶에 중요한 문턱에서 꼭 기억했으면 하는 것들

필립 체스터필드 지음 | 이진 옮김

VIVA체

청춘과 잃은 시간은
영원히 되돌아오지 않는다.
― 독일 속담

## Chapter 1
# 시간 사용법

───────────●───────────

애정을 듬뿍 담아 너에게 주는 조언_12  학문의 기초를 다져놓아라_13  어떻게 시간을 사용할 것인가_14  어떻게 인생을 살 것인가_16  시간을 지혜롭게 쓰는 사람이 되라_19  시간을 낭비하지 않는 방법을 익혀라_21  자투리 시간을 활용하는 습관을 들여라_23  짧은 시간을 의미 있게 써라_24  일에 순서를 정하고 진행하라_25  일을 할 때는 한 가지에만 집중하라_27  그 상황에 주의를 집중하라_30  눈앞의 일을 정확하게 살펴라_32  일하고 난 후에는 휴식을 즐겨라_33  일과 휴식 시간을 구분하라_35  '이 세상'이라는 책으로 배우고 익혀라_37  하루 30분의 독서 습관을 들여라_38  인간에 대해 관심을 가져라_40  현실성을 반영한 학식을 갖춰라_42  칭찬의 위력을 깨달아라_44  책에서 얻은 지식을 실생활에서 활용하라_46  사람을 제대로 평가하는 안목을 키워라_48  젊은 패기와 쾌활함을 활용하라_50  일반적인 칭찬거리를 준비하라_51  솔직하게 도움을 청하라_52  작은 일에도 최선을 다하는 습관을 들여라_53  상대방에게 주의를 기울여라_55  너무 깊은 사색에 빠지지 마라_58  진실의 역사를 보는 눈을 키워라_60  역사를 통해 올바른 판단력과 분석력을 길러라_63  과거의 시각으로 현재를 보지 마라_65  역사를 제대로 공부하는 방법_66  역사적 사실을 고찰하는 습관을 들여라_67  책과 사람에게서 배워라_68

## Chapter 2
# 자기계발 백서

―――――――――――――――●―――――――――――――――

지식을 쌓고 마음을 통제하라_72  특출한 사람이 되도록 노력하라_74  노력 없는 성과를 바라지 마라_75  높은 이상을 품어라_77  전문 분야 이외의 상식을 알아두어라_79  할 수 없다고 말하지 마라_80  길잡이의 가르침을 새겨라_81  자신만의 행동 철학을 세워라_82  건전하게 노는 법을 터득하라_83  지혜롭고 가치 있는 놀이를 하라_85  너의 즐거움을 스스로 선택하라_87  진정한 놀이를 판단하는 분별력을 길러라_89  사물을 판단하는 기준을 세워라_91  일반론을 내세우지 마라_93  분별력 있는 사고방식을 키워라_95  독단과 편견에 사로잡히지 마라_97  사물을 올바로 인식하는 습관을 길러라_99  올바른 판단력을 길러라_101  언제나 겸손하라_103  서명은 알아볼 수 있도록 똑바로 해라_105  자신의 이름에 긍지를 가져라_107  강한 의지로 세상에 맞서라_109  의욕과 끈기로 좋은 기회를 만들어라_111  인정받고자 하는 욕구를 지녀라_114  강한 승부욕을 가져라_116  고마움을 솔직하게 표현하라_118  어디를 가든 그 사회에 적응하라_119  '한번 해보자'라고 결심하고 노력하라_121  상대와 상황에 맞는 방법을 시도하라_122  품위 있게 웃어라_124  보기에 좋지 않은 행동을 삼가라_126  조직의 리더를 따르라_127  항상 상대방을 배려하라_128  상대방이 칭찬받고 싶어하는 부분을 공략하라_130  때로는 못 본 척 눈감아주어라_132  상대방의 취미를 인정하라_133  우아함과 견고함을 함께 갖춰라_135  자신을 돋보이게 하라_137  품위를 유지하라_138  타인의 호감을 사려고 노력하라_140  바른 예의범절을 익혀라_141  세상을 사는 지혜를 깨닫고 실천하라_143  성격 탓으로 돌리지 마라_145  속마음을 드러나지 않게 하라_147  상대방의 자존심을 지켜주라_150  오만함을 버려라_152  거짓말하지 마라_154  떳떳하게 살아가라_155  쓸데없는 곳에 돈과 시간을 낭비하지 마라_157  현명한 금전 철학을 익혀라_159  능력의 범위를 파악하라_161

# Chapter 3
# 인생 대화법

타인을 헐뜯지 마라_166  상대방의 말은 눈으로 들어라_167  조직 활동에서 성공하는 비결을 익혀라_168  자기 의견을 갖춰라_170  위엄을 갖추고 중도를 지켜라_171  침착한 태도를 생활화하라_173  사람을 존중하는 마음을 가져라_175  상대방의 눈높이에 맞추어라_177  언행은 부드럽게, 의지는 굳건하게 하라_179  공손하면서 강하게 명령하라_181  부드러운 말과 행동으로 호감을 사라_183  융통성을 잘 발휘하라_185  솔직함으로 상대를 사로잡아라_187  부드러운 말투를 사용하라_188  타인의 약점을 들추지 마라_190  상대방이 보지 않는 곳에서 칭찬하라_191  화술의 중요성을 깨달아라_192  세부적인 부분에도 신경을 써라_195  자기 자신을 표현하는 말을 갈고닦아라_197  자기만의 표현력을 구축하라_198  올바른 말을 사용하고 발음을 명확하게 하라_199  생각을 문장으로 정리하는 훈련을 하라_201  듣는 사람이 바라는 바를 파악하라_202  상대방에게 진심으로 마음을 써라_204  대화를 독점하지 마라_206  상대와 상황에 따른 적절한 화제를 선택하라_208  자기 자랑도 자기 비하도 하지 마라_210  이야기를 과장하지 마라_212  가만히 있어도 빛나는 장점을 키워라_214  윗사람에게는 항상 예의를 갖춰라_215  모임에서도 반드시 기준을 지켜라_216  지위가 낮은 사람을 적으로 만들지 마라_218  예의를 지켜 관계를 지속하라_220  꾸준히 갈고닦아 가치를 인정받아라_222

# Chapter 4
# 사교의 정석

여행의 참된 목적을 깨달아라_226 현지인을 통해 호기심을 충족하라_228 외국에 가면 분별 있게 행동하라_230 외국에서는 이방인의 옷을 벗어던져라_232 생활하는 나라의 언어를 익혀라_234 너의 인격을 비추는 거울, 친구_236 진정한 우정을 구분하라_238 내 편이 아니라도 적으로 만들지 마라_240 자신보다 뛰어난 사람과 사귀어라_242 적당한 거리를 유지하고 교제하라_244 결점까지 칭찬하는 사람을 가까이하지 마라_245 배려하는 자세로 자신을 지켜라_247 사랑받도록 끊임없이 노력하라_249 사람의 마음을 사로잡는 행동을 익혀라_251 본보기를 잘 관찰하라_252 다른 사람의 장점을 따라 해라_254 기품 있는 행동을 익혀라_255 좋은 표정을 연습하라_257 호감 주는 표정을 연구하라_259 때로는 알아도 모르는 척하라_261 싸움에 임할 때는 완전 무장을 하라_263 사회에서 친분 관계는 일종의 실력이다_265 친분을 쌓고 인맥을 활용하라_267 라이벌을 상냥하게 대하라_269 좋은 라이벌을 성공의 열쇠로 삼아라_271 라이벌을 정중하게 대하라_274 너무 튀지 않는 옷차림을 하라_276 항상 청결에 신경 써라_278 실천이 최상의 공부임을 명심하라_279 마무리를 잘하는 습관을 들여라_282

chapter 1
시간 사용법

*dear my son*

## 애정을 듬뿍 담아 너에게 주는 조언

아들아, 내가 기회 있을 때마다 너에게 적어 보낸 사연들 그리고 앞으로 보낼 글들에 대해서 진지하게 귀 기울여주기 바란다. 그것들은 내가 오랜 경험 끝에 얻어낸 소중한 지혜의 결과물이기도 하고, 무엇보다도 너에 대한 나의 애정의 표시란다. 나는 너 말고 어느 누구에게도 이런 조언을 할 생각이 없다.

너는 아직 내가 네 장래를 위해 걱정하고 있는 마음의 절반만큼도 닿지 못한 것 같다. 말하자면, 너 자신을 위해 무언가를 할 능력이 못 된다고나 할까. 따라서 지금은 내 충고가 너에게 어떤 도움이 될지 모르겠지만, 당분간은 내가 하는 말에 잠자코 따라주었으면 좋겠구나. 그러면 언젠가는 나의 충고가 헛된 것이 아니었음을 깨달을 날이 반드시 올 것이다.

dear my son
## 학문의 기초를 다져놓아라

아들아, 네가 사회에 첫발을 내딛기 전까지는 지식의 기반을 충분히 다져놓기 바란다. 그렇지 않는다면 이후의 인생을 네 의지대로 살아가기란 어려울 거야. 지식이란, 내 나이가 되었을 때는 삶의 휴식처가 되기도 하고 피난처가 되기도 하기 때문이지.

아들아, 앞으로 2년 동안 너는 학문의 기반을 다져놓으렴. 일단 기반을 다지고 나면 그다음은 네가 언제든지 원하는 때에 원하는 만큼의 지식을 흡수할 수 있다. 그렇게 하지 않고 나중에 필요하다며 급히 학문의 기초를 다지려고 하면 그때는 이미 늦다. 게다가 젊었을 때 그런 기반을 닦아놓지 않으면 나이 들었을 때 매력 없는 사람이 되어버린다.

*dear my son*

## 어떻게 시간을 사용할 것인가

아들아, 지금 최우선적으로 마음에 깊이 새겨주었으면 하는 것이 있다. 바로 시간의 소중함을 알고 올바르게 사용하는 방법이란다. 이를 제대로 알고 실천하는 사람은 많지 않아. 모두들 시간을 소중하다고 말하지만 그것을 소중히 사용하는 이는 드물단다.

시간을 아무렇지도 않게 낭비해버리는 이들조차 '시간은 참으로 소중하다'고 떠들고 '어물거리고 있으면 눈 깜짝할 사이에 시간은 지나가버린다'며 입으로는 별별 소리를 다하는 게 실상이지. 이는 시간에 대한 격언이 헤아릴 수조차 없이 많아서란다. 그중 몇 개를 적당히 주워서 입에 담기란 그만큼 쉬운 일이지. 이 또한 시간을 대수롭지 않게 생각한다는 의미겠다.

그나마 지금에라도 유럽 곳곳에 설치된 해시계를 보면서 시간을 잘 사용하는 일이 얼마만큼 중요한지, 한번 헛되이 잃어버린 시간을 되찾기란 얼마나 어려운지를 깨닫고 있으니 참으로 다행이다.

그러나 이러한 교훈도 우리가 단순히 쉽게 이해하는 것만으로는 충분하지 않아. 몸소 남에게 가르칠 수 있을 정도로 그 교훈을 스스로 경험하여 체득하지 않는다면, 진실로 시간의 가치와 그 사용법을 잘 안다고는 말할 수 없을 것이다.

아들아, 내가 너의 시간 사용법을 보자니 너는 다행스럽게도 시간의 소중함을 잘 알고 있는 듯하더구나. 이것은 대단히 중요한 일이란다. 이것을 아느냐 모르느냐에 따라 앞으로의 네 인생은 하늘과 땅만큼 달라질 거야.

너에게 시간의 중요성에 관해서 이러니저러니 할 생각은 없다. 그렇지만 지금부터 미래까지 네 기나긴 일생 중 어느 한 시기, 예컨대 앞으로의 2년에 대해서는 조금 이야기를 해야겠구나.

**dear my son**

## 어떻게 인생을 살 것인가

    나는 퇴직 후에도 항상 책을 가까이하며 살아갈 생각이란다. 지금 내가 이렇게 아무 방해도 받지 않고 책 읽는 즐거움에 빠질 수 있는 이유는, 내가 네 나이 때 확고한 신념을 갖고 공부했기 때문이라고 생각한다. 그때 좀 더 열심히 공부했더라면 이 만족감은 더욱 컸겠지. 어쨌든 이처럼 세상의 속박에서 벗어나 독서에서 인생의 평온함을 찾고 있는 삶이 정말로 소중하단다.

    아들아, 나는 젊었을 때 얼마만큼 지식을 쌓아둔 것이 정말 다행이라고 생각한단다. 그렇다고 놀며 보냈던 시간이 무조건 헛되다는 뜻은 아니야. 논다는 것은 때로 삶의 의욕을 북돋울 뿐 아니라 모든 젊은이의 욕구이니까 말이다.

    나도 네 나이 때에는 마음껏 놀았단다. 만일 그렇지 않았더라면 지금쯤은 논다는 것을 잘못 평가하고 있을지도 모르겠구나. 인간이란 자기가 모르는 일에는 유난히 흥미를 갖는 법이잖니. 그런데 나는 네 나이 때 마음껏 놀았기 때문에 논다는 것이 무엇인지 잘 알고 있으며 후회도 하지 않는다. 또한 일을 하는 데 소비한 시간이 아깝다고 생각한 적도 없다. 일을 실제로 해보지 않고 겉으로만 본 사람은 그 일이 대단할 것 같은 기분에 자신도 한번 해보고 싶어 하지만 생각보다 쉽지 않단다. 그것은 실제로 경험해본 사람이 아니고서는 모르는 일이지.

다행스럽게도 나는 일에도 놀이에도 능숙하였다. 옆에서 지켜보던 사람들이 놀라 감탄하거나 한숨을 쉬어대는 놀이나 일의 뒷면도 잘 알고 있었지. 그렇기에 후회하기는커녕 잘한 일이라고 생각한다. 그러나 내가 후회하고 있고 앞으로도 후회하리라 생각하는 것이 딱 한 가지 있는데, 그것은 바로 젊었을 때 미래에 대해 아무것도 생각하지 않고 나태하게 그냥 흘려보낸 시간이다.

아들아, 앞으로 2년은 네 인생에서 상당히 중요한 시기란다. 그래서 지금 아버지는 너에게 간곡히 부탁하고 싶구나. 이 기간을 정말 가치 있게 보내라고. 지금 네가 아무 일도 하지 않고 시간을 흘려보낸다면 그만큼 네 지식의 양은 줄 것이요, 인간 형성에서의 손실도 클 것이다. 반대로 네가 진정 이 기간을 뜻있게 보낸다면, 그 시간이 쌓이고 쌓여서 네 인생의 기반은 탄탄해질 것이다.

나는 네가 일단 사회에 나가고 나면 책을 많이 읽으라고 말하지는 않을 생각이다. 무엇보다도 너에게는 그럴 시간이 없을 것이야. 설령 시간이 있더라도 너는 이미 책 읽기에 시간을 쓸 신분은 아닐 것이다.

즉, 네 인생에서 유일한 면학의 시기는 바로 지금이다. 그 누구의 방해도 받지 않고 마음껏 지식을 축적할 수 있는 시기, 바로 지금이다. 물론 너도 책상 앞에 앉으면 때로는 짜증이 나겠지. 그럴 때는 이렇게 생각하렴.

'이것은 어차피 한 번은 지나가야 하는 길이다. 그러니 단 몇 시간이라도 더 버티면 내 인생의 목표에 그만큼 빨리 도달할 수 있다.'

빨리 자유로워지느냐 그렇지 못하느냐는 오직 네가 시간을 어떻게 사용하느냐에 달려 있다.

dear my son
## 시간을 지혜롭게 쓰는 사람이 되라

돈이나 재물을 지혜롭게 쓸 줄 아는 이는 그리 많지 않다. 그런데 시간을 지혜롭게 사용할 줄 아는 사람은 그보다 더 적다. 그리고 시간을 지혜롭게 사용하는 것이 돈이나 재물을 지혜롭게 쓰는 것보다 중요함은 말할 필요도 없다.

아들아, 나는 네가 이것들을 지혜롭게 사용할 줄 아는 사람이 되길 바란다. 너도 이제 그런 것들을 고민해야 할 나이야. 젊었을 때는, 시간이란 매우 충분해서 아무리 낭비해도 없어지지 않는다고 생각하기 쉽다. 그러나 그것은 두 번 다시 주어지지 않는 소중한 재산을 탕진해버리는 것과 같단다. 그것을 깨달았을 즈음에는 이미 늦어 어찌해볼 수 없는 상태가 되어버리지.

지금은 고인이 된, 윌리엄 3세나 앤 여왕, 조지 1세 시대에 걸쳐 그 이름을 떨쳤던 라운즈 재무 장관은 생전에 이렇게 말했다.

"1펜스를 업신여겨서는 안 된다. 1펜스를 비웃는 자는 1펜스 때문에 울게 된다."

이 말은 진실이다. 그는 이것을 실천하였고 그 결과 두 손자에게

막대한 유산을 남겨줄 수 있었지.

  아들아, 이것은 시간에도 그대로 적용될 수 있단다. 1분을 비웃는 자는 1분, 아니 1초에 우는 법이다. 그러니 10분이나 20분이라도 시간을 헛되이 쓰지 않도록 해라. 10분, 20분을 소홀히 흘려보내면 하루에 몇 시간을 낭비하게 된단다. 그것이 1년간 쌓인다고 생각해 보렴. 얼마나 상당한 시간이겠느냐. 네 인생이 바뀔 수 있는 시간이란다.

dear my son
# 시간을 낭비하지 않는 방법을 익혀라

예컨대 12시에 약속이 있다고 하자. 약속 시간 전에 두세 명의 집을 들를 예정이고. 네가 오전에 집을 나섰는데 그들 중 누군가가 집에 없었다. 그때 너는 어떻게 하겠니? 커피숍에 들어가서 시간을 때우려나?

나는 그렇게 하지 않겠다. 나는 집으로 돌아가 편지를 쓸 것이다. 그러면 약속 장소에 갈 때, 그 편지를 우체통에 넣을 수 있겠지. 만약 편지를 다 쓰고 나서도 시간 여유가 있다면 책이라도 읽을 수 있겠지. 이것이 내가 집으로 가는 이유다.

그리고 이런 경우는 시간이 짧기 때문에 데카르트, 말르브랑슈, 로크, 뉴턴의 저서처럼 이해하기 어려운 책은 적합하지 않다. 오히려 호라티우스나 브왈로, 와라의 저서 같은 짧고 재미있는 책을 읽는 것이 좋다. 이처럼 시간을 효율적으로 사용하면 모든 것이 절약된다. 적어도 시간을 따분하게 보낼 일은 없단다.

아들아, 세상에는 쓸데없이 시간을 허비하며 요령 없이 보내는 사람이 많다. 안락의자에 앉아 하품을 해대며 어떤 일을 시작하기에는 시간이 좀 모자라다고 말한다. 그러나 이런 사람은 실제로 시간이 남아돌아도 일을 시작하지 않는다. 결국 아무것도 하지 않은 채 시간만 보내는 것이다. 게으른 성격이라고밖에 할 수 없지. 이런 사람은 공부도 일도 성공하지 못할 것이다.

한가롭게 세월을 보내는 것은 네 나이에는 허용되지 않는다. 내 나이가 되어서야 비로소 허용된단다. 말하자면 너는 이제 막 사회에 얼굴을 내밀었을 뿐이야. 그러니 적극적인 행동과 성실함 그리고 끈기가 있어야 하는 게 당연하다.

아들아, 앞으로의 몇 년이 네 일생에 얼마나 소중한 의미일지를 생각해보렴. 그러면 단 한 순간도 시간을 소홀히 할 수 없을 것이다.

그렇다고 온종일 책상에만 붙어 있으라는 말은 아니다. 그렇게 권하고 싶은 생각도 없고, 그렇게 해주기를 바라지도 않는다. 다만 어떤 것이든 좋으니 무엇인가를 해라. 바로 그것이 중요하다. 20분이니까, 30분이니까 하며 시간을 우습게 여기고 아무것도 하지 않으면 1년 후의 네 인생에는 엄청난 손실이다.

하루 중에도 공부 시간과 노는 시간이 따로 있잖니. 그럴 때 우두커니 하품이나 하고 앉아 있어서는 안 된다. 무슨 종류든 가까이 있는 책을 손에 들고 읽어라. 비록 콩트 모음 같은 가벼운 책이라도 읽지 않는 것보다는 훨씬 낫다.

*dear my son*

# 자투리 시간을 활용하는 습관을 들여라

시간을 아주 지혜롭게 사용하는 지인이 있다. 그는 아무리 적은 시간이라도 헛되이 보내지 않는다. 그는 화장실에 가 있는 짧은 시간도 유용하게 활용했단다. 고대 로마 시인의 작품을 조금씩 읽어나가 마침내 독파해버린 것이지. 예를 들어 호라티우스를 읽고 싶다고 하자. 그러면 화장실에 갈 때마다 호라티우스의 시집을 두 페이지씩 뜯어 들고 가서 읽는다. 다 읽은 종이는 그대로 여신 크로아카에게 예물로 바친다. 즉, 버리는 것이지. 그리고 이것을 되풀이하는 거야.

확실히 상당한 시간 절약 방법이 아닐까? 너도 한번 해보렴. 딱히 하는 일도 없이 무료하게 시간을 보내는 것보다는 훨씬 좋은 방법이겠지? 이렇게 하면 마지막까지 읽어야 할 책의 내용이 언제나 머릿속에 남아 있어서 대단히 효과적일 게다.

물론 어떤 책이든 다 좋다는 것은 아니다. 계속해서 읽어야만 이해할 수 있는 과학 관련 책이라든지 내용이 까다로운 책은 적당하지 않겠다. 그런 종류가 아니라 몇 페이지 뜯어서 읽어도 충분히 의미가 통하고 유익한 책을 고르는 게 좋겠다.

*dear my son*

## 짧은 시간을 의미 있게 써라

아들아, 얼마 안되는 짧은 시간도 효과적으로 사용하면 나중에 상당한 일을 했음을 알게 된단다. 짧은 시간이라고 아무것도 하지 않은 채 쓸데없이 보내면 나중에 되찾을 수도 없잖니. 그러니 순간순간을 의미 있게 사용해주면 좋겠다. 아무것도 하지 않고 있기보다는 의미 있으면서도 즐거웠다고 여길 만한 시간 활용법을 생각해보자.

아들아, 이것은 공부에만 국한되지 않는다. 놀이도 때에 따라서는 필요하며 또한 중요하다. 예전에도 얘기했듯이, 인간은 놀이를 통해서 성장하고 제 몫을 하는 인간이 되어간다. 잘난 체하거나 꾸미는 태도를 벗어던졌을 때의 인간의 참모습을 가르쳐주는 것도 놀이다. 따라서 놀 때도 빈둥거려서는 안 된다. 놀 때는 노는 데 온 정신을 집중하기 바란다.

#### dear my son
## 일에 순서를 정하고 진행하라

비즈니스에는 마술 같은 능력이나 특수한 재능은 필요하지 않다. 일의 체계, 즉 순서와 근면함과 분별력만 있다면 재능만 있고 질서가 없는 사람보다 훨씬 훌륭하게 일을 처리할 수 있다.

아들아, 너는 사회인으로 첫걸음을 내디뎠으니 지금부터는 하나의 체계를 세워 일을 진행하는 습관을 길러라. 일의 순서를 정하고 그에 따라 일을 진행하는 것이야말로 일을 능률적으로 처리하는 요령이다. 글을 쓴다든지 책을 읽는 등의 일정에 쓸 시간을 배분할 때 너의 모든 일에 순서를 정하거라. 그러면 네가 시간을 얼마만큼 절약했는지, 일을 얼마만큼 잘 진행했는지를 파악할 수 있다.

말버러 공작(영국 군인)을 상기해보아라. 그분은 단 1초도 허비하지 않았기에 똑같은 시간에 다른 사람들의 몇 배나 되는 일을 처리해냈다. 뉴캐슬(영국 왕당파의 사령관. 전쟁에 패하자 유럽으로 망명했다) 공작의 허둥대는 모습이나 혼란스러운 모습은 바로 일의 질서와 순서가 잘못되어 있었기 때문이다. 로버트 월폴(영국의 정치가) 전 총리는 다른 사람의 열 배나 되는 일을 하면서도 단 한 번도 허둥대는 모습을 보이지 않았다. 일하는 순서를 정해두고 그에 따랐기 때문이지. 제아무리 유능한 인물도 순서를 정하지 않고 일을 하면 머릿속이 혼란해서 마침내 손들고 만단다.

아들아, 내 눈에 너는 조금 게을러 보인다. 지금부터라도 게으름을 극복하도록 분발하기 바란다. 2주일 정도 시간을 들여서 일하는 방법과 순서를 정해보렴. 그러면 미리 정해놓은 순서대로 일을 추진하는 것이 얼마나 편리하고 얼마만큼 좋은 결과를 가져오는지를 알게 될 것이다. 또한 그 순서를 따르지 않고는 그 어떤 일도 해나갈 수 없음을 깨달을 것이다.

dear my son
## 일을 할 때는 한 가지에만 집중하라

얼마 전 하트 씨로부터 편지를 받았단다. 네가 모든 일을 잘해나가고 있다고 하더구나. 내가 얼마나 기뻤는지 너는 알까? 그런데 정작 당사자인 네가 나의 절반만큼도 만족감이나 기쁨을 느끼지 못한다면, 나는 어찌할 바를 모를 것이다. 사람은 만족감이나 자부심이 있어야만 비로소 스스로 공부에 열중할 수 있으니 말이다.

하트 씨는 네가 열심히 공부하고 있다고 하더구나. 공부하는 자세도 잡혀 있고, 이해력도 풍부하며, 사물에 대한 응용력도 생겼다지? 여기까지 왔으면 지금부터는 공부가 한결 즐거워질 것이다. 그 즐거움은 노력하면 노력한 만큼 더 커질 것이고.

아들아, 내가 너에게 귀가 따가울 정도로 당부했던 말이 있다. 무슨 일을 할 때는 오직 그 일에만 집중하는 것이 중요하다는 것, 그 외의 일을 생각해서는 안 된다는 것 말이다.

이는 단지 공부에만 해당하는 말이 아니란다. 놀이도 마찬가지야. 놀이도 공부처럼 열심히 하면 좋겠구나. 어느 쪽이든 열심히 하지 않는 사람은 발전할 수 없고 만족감을 누리지 못한다. 어떤 상황의 대상물에 마음을 집중할 수 없거나 집중하지 않는 사람, 그 외의 일을 머릿속에서 떨쳐버리지 못하거나 떨쳐버리지 않는 사람, 그런 사람은 일이나 놀이 어느 것도 제대로 하지 못한다.

파티나 회식 자리에서 머릿속으로 기하학 문제를 풀려는 사람이 있다고 상상해보아라. 그런 사람은 함께 있어도 즐겁지 않을 테고, 사람들 사이에서도 유별나게 초라해 보일 것이다. 반대로 서재에서 어떤 문제를 풀어야 하는데 미뉴에트가 자꾸 떠올라서 견딜 수 없어 하는 사람을 생각해보렴. 아마도 그는 훌륭한 수학자가 될 수 없을 것이다.

아들아, 무슨 일이든 한 번에 한 가지에만 집중하면 하루의 시간 동안 여러 일을 할 수 있단다. 그러나 동시에 두 가지 일을 하려고 든다면 1년이 가도 시간은 모자라게 마련이지.

법률 고문이었던 고(故) 위트 경은 나랏일을 혼자 도맡아 그것을 잘 처리했을 뿐만 아니라, 저녁 모임에도 얼굴을 내밀었고, 여러 사람과 함께 식사를 즐길 시간도 충분했다고 하는구나. 그렇게 많은 일을 처리한 뒤에도 저녁마다 모임에 나갈 시간이 있었다니, 사람들은 그 점을 무척 궁금해했지. 도대체 어떤 식으로 시간을 사용하고 있는가, 라는 질문에 위트 경은 이렇게 대답했단다.

"별로 어려운 일이 아닙니다. 한 번에 한 가지 일만 할 뿐이죠. 그리고 오늘 할 수 있는 일은 절대로 내일까지 미루지 않습니다. 그것뿐입니다."

다른 일에 정신을 빼앗기지 않고 오직 한 가지 일을 확실히 할 수 있는 위트 경의 집중력이 정말 대단하지 않니? 이렇게 할 수 있다는 자체가 천재라는 확실한 증거 아닐까? 반대로, 침착하지 못하다거나 왠지 정신을 집중하지 못하는 것은 그만큼 대수롭지 않은 인간이라는 증거가 아닐까?

*dear my son*
## 그 상황에 주의를 집중하라

　온종일 바쁘게 뛰어다녔는데 자기 전에 생각해보니 아무것도 한 일이 없었다고 말하는 사람들이 많다. 이들은 두세 시간 독서를 하는 동안 눈동자만 활자를 쫓을 뿐, 머릿속에는 아무것도 들여보내지 못한 셈이다. 그러니 무엇을 읽었는지 아무리 생각해도 기억나는 것이 없고 내용을 논하지도 못하지.

　그들이 누군가와 만나서 이야기를 나눌 때도 마찬가지다. 자기 스스로 적극적으로 대화에 참여하려는 마음이 없기에, 상대에게 주의를 기울이지도 않고 대화의 내용을 정확히 파악하지도 못한다. 그들은 그 자리에서 자기 자신과는 전혀 관계없는 일, 그것도 쓸데없는 일을 머리에 떠올리고 있다. 아니, 아예 아무 생각도 없다고 하는 편이 더 정확하겠구나. 그러고는 그 상황을 "아니 지금 잠시 깜박했네…"라든지 "다른 일에 정신을 빼앗겨서…"라며 얼버무리고는 체면을 세우려 한다. 이런 사람은 극장에 가도 정작 공연은 보지 않고 주위 사람들이나 조명에만 신경을 쓴다.

　아들아, 너는 그러지 말아라. 누군가와 만나 이야기를 나눌 때도 공부할 때처럼 정신을 집중하기 바란다. 공부할 때는 읽고 있는 책에 주의를 기울이고 그 내용을 잘 파악해야 하듯 누군가를 만나고 있다면 보는 것, 듣는 것, 그 모든 것에 주의를 집중하는 것이 옳다.

바로 눈앞에서 일어난 일과 주고받은 말에 주의를 기울이지 않다가 '다른 일을 생각하느라 잘 듣지 못했습니다…'라고 말하는 어리석음을 저지르지 말거라. 왜 거기서 다른 일을 생각하지? 그러려면 왜 그 만남을 가졌을까? 결국 그들은 '다른 일'조차 생각하지 않은 것이다. 그저 머리가 텅 비어 있었을 뿐이다. 그들은 놀이에도, 일에도 집중하지 못한다. 정신이 산만해 일을 할 수 없다면 놀기라도 해야 할 텐데, 그것도 못한다. 노는 데 집중할 수 없으면 일을 하면 좋으련만 그것도 못한다. 그들은 노는 사람과 함께 있으면 자신도 놀고 있다고 착각하고, 해야 할 일이 있으면 그것만으로 자신이 일을 하고 있다고 착각한다.

dear my son
## 눈앞의 일을 정확하게 살펴라

 아들아, 무슨 일이든 시작하면 열심히 해야 한다. 어중간하게 하려면 시작하지 않는 편이 훨씬 낫다. 자신이 하는 일에 정신을 집중해라. 모든 일은 할 가치가 있든지 없든지 둘 중 하나다. 그 중간은 없다. 그러므로 일단 일을 '한다'고 결정했다면 똑바로 해야 한다. 상대방에게 눈과 귀를 집중해 그의 말을 단 한 마디도 놓치지 않고 들으며, 눈앞에서 일어나고 있는 일을 하나도 빠짐없이 정확하게 살펴야 한다.

 호라티우스를 읽을 때는 그 내용을 음미하면서 읽고, 문장의 멋진 표현이나 시의 아름다움을 충분히 만끽하도록 해라. 결코 다른 작품에 마음을 두어서는 안 된다. 책을 읽고 있을 때 연인을 생각해도 안 된다. 당연히 연인과 대화를 나눌 때 네가 읽던 책을 생각하는 것도 금물이다.

dear my son
## 일하고 난 후에는 휴식을 즐겨라

노는 것은 매우 좋은 일이다. 자신에게 맞는 놀이를 찾아내 마음껏 즐겨라. 그러나 다른 사람의 흉내를 내서는 안 된다. 가슴에 손을 얹고 무엇이 참으로 즐거운가를 묻고, 즐겁다고 생각되는 것을 하면 된다.

어떤 일이나 선뜻 저지르는 사람이 있는데, 그것으로는 아무런 기쁨도 느낄 수 없다. 진지하게 일에 몰두하여 거기에서 기쁨을 느껴야만 놀이에서도 기쁨을 느낄 수 있다.

그런 의미에서 보자면, 고대 아테네의 장군이자 정치가인 알키비아데스는 합격이라고 생각한다. 그는 분명 온갖 방탕한 짓을 뻔뻔스럽게 많이 저질렀지만, 철학이나 일에는 충분히 시간을 할애했단다.

시저(로마의 정치가) 역시 일과 놀이에 고르게 관심을 두어 상승효과를 거두었다. 시저는 실제로 로마의 수많은 여성과 간통을 저질렀다는 소문이 자자했지만, 학자로서 훌륭하게 지위를 쌓았고 웅변가로서도 일류였다. 또한 로마에서 가장 실력 있는 지도자라고까지 평가받았지.

아들아, 놀기만 하는 삶은 옳지 않을뿐더러 아무런 재미도 없다. 날마다 열심히 일해야 마음도 몸도 놀이를 진지하게 즐길 수 있다.

그런 의미에서, 뚱뚱하게 살찐 대식가나 창백한 얼굴의 주정뱅이 혹은 혈색 나쁜 호색가는 자신의 일을 진심으로 즐기지 못하는 셈이다. 이들은 거짓 신에게 자신의 정신과 육체를 바치고 있는 것과 다름없다.

정신 수준이 낮은 생활을 하는 사람은 쾌락만을 추구하고, 품위 없는 놀이에 몸을 망친다. 반대로 정신 수준이 높은 생활을 하는 사람들, 즉 좋은 친구들(도덕적이라고는 말하지 않겠다)에게 둘러싸인 사람들은 좀 더 자연스런 놀이, 말하자면 세련되고 위험이 적으며 최소한의 품위를 잃지 않는 놀이를 즐긴다고 볼 수 있다.

아들아, 양식 있는 훌륭한 사람은 놀이 자체가 목적이 되어서는 안 된다는 것, 놀이를 목적으로 삼지 않는 법을 잘 알고 있다. 놀이라는 것은 단지 편안히 쉬는 일이며, 위로이며, 보상에 불과하다는 것을 명심하렴.

dear my son
# 일과 휴식 시간을 구분하라

아들아, 일과 놀이에 대해서는 명확하게 시간을 구분해두는 것이 좋다.

공부나 일, 지식인이나 명사와 함께 앉아 차분하게 나눠야 하는 대화 등은 아침나절이 가장 좋다. 저녁 식사를 위해 식탁에 앉았다면 그 후는 편안히 휴식을 즐기면 된다. 특별히 긴급한 일이 없는 한 네가 좋아하는 것을 하면 좋겠지. 마음이 맞는 동료들과 카드놀이를 한다든지, 절제력을 갖춘 이들과 함께 화목하고 즐거운 게임을 즐긴다든지. 그러면 설령 잘못되어도 싸움으로 번지지는 않을 거야. 연극 관람이나 음악회, 춤이나 식사, 유쾌한 친구와 대화하는 것도 좋겠구나. 틀림없이 만족스러운 저녁을 보낼 수 있을 것이다.

물론 매력적인 여성들에게 뜨거운 시선을 보내는 것도 좋다. 다만 상대가 너의 품위를 떨어뜨리거나 너를 불행에 빠뜨릴 사람이 아니면 좋겠다. 상대가 너에게 호감을 보이는지 아닌지는 너의 수완에 달려 있으니 기대를 걸어보라고 말하고 싶구나.

지금 말한 것들은 사실 분별 있는 사람, 진정한 놀이가 무엇인지 알고 있는 사람들이 즐기는 방법이다. 이처럼 아침에는 책, 저녁에는 놀이를 통해서 시간을 구분하는 연습을 하렴. 놀이도 선택만 잘 한다면, 너는 훌륭한 사회인이라고 인정받을 것이다.

오전 내내 정신을 집중해서 차분하게 공부를 이어간다면 1년 후에는 상당한 지식을 축적할 수 있을 거야. 한편 저녁에 친구와 어울리는 것 역시 너에게 또 다른 지식, 즉 세상에 대한 지식을 넓히는 길이 될 거다.

아들아, 아침에는 책에서 배우고 저녁에는 사람에게서 배우도록 해라. 이것을 실천하자면 빈둥거리며 보낼 틈이 없을 것이다.

나도 젊었을 때는 참으로 놀이를 좋아했고 여러 분야의 사람들과 자주 어울렸다. 아마도 나처럼 그러한 일에 시간과 노력을 아끼지 않은 이도 없었을 것이다. 물론 때로는 너무 지나치기도 했지만 어떻게든 공부하는 시간만은 만들었다. 도저히 그럴 시간을 낼 수 없을 때는 잠자는 시간을 줄였다. 전날 아무리 늦게 잤더라도 새벽에 일찍 일어나 그 시간을 보충했지. 아팠을 때를 제외하고는 40여 년 동안 이 습관을 계속 유지하고 있단다.

아들아, 너도 내가 놀이 따위는 절대로 안 된다고 말하는 완고한 아버지가 아님을 알게 되었겠지. 나는 너에게 나와 똑같은 생각을 가지라고는 말하지 않겠다. 즉, 내가 하는 모든 말은 아버지라기보다는 네 친구로서 하는 충고란다.

dear my son
## '이 세상'이라는 책으로 배우고 익혀라

아들아, 세상은 한 권의 책과 같다. 지금 내가 너에게 권하고 싶은 것은 바로 이 세상이라는 책이다. 이 책에서 얻는 지식은 지금까지 출판된 책 전부를 합한 것보다 훨씬 더 많은 도움을 준다. 그러니 훌륭한 사람들의 모임이 있다면, 아무리 훌륭한 책을 잡고 있었더라도 덮어두고 모임에 참여하길 바란다. 그것이 몇 배나 더 큰 공부가 된단다.

아들아, 갖가지 일과 오락 등으로 떠들썩한 환경에서 살아가는 우리에게, 하루의 생활에서 잠깐 숨을 돌리는 자유로운 시간은 얼마나 소중하더냐. 더욱이 그러한 시간에 책을 읽는 것은 더할 수 없이 큰 안식과 기쁨이라고 하겠다.

짧은 그 잠깐의 시간 동안 충실하게 책을 읽으려면 어떻게 해야 할까? 우선 내용이 시시하고 따분한 책에 시간을 할애하지는 말아라. 그러한 책은 쓸 것을 발견하지 못한 저자가 자신과 똑같이 태만하고 무식한 독자를 겨냥해서 쓴 것일 경우가 대부분이다. 그런 책은 하등 쓸모가 없으니 아예 손을 대지 않는 것이 현명하다.

*dear my son*

## 하루 30분의 독서 습관을 들여라

아들아, 독서할 때는 정신을 집중해야 한다. 그러니 하나의 목적을 달성할 때까지는 다른 분야의 책에는 손대지 말아야 한다. 너의 앞날을 생각한다면, 예컨대 현대사 중에서도 특히 중요하고 관심을 끄는 시대를 몇 개 뽑아 그것을 순서대로 정리해가는 방법을 쓰는 게 좋다.

이를테면 베스트팔렌 조약에 초점을 맞추었다고 하자. 이는 현대사의 시작으로는 참으로 올바른 선택이라고 본다. 이 경우 그것과 관련된 책에만 집중해라. 믿을 만한 역사서, 문서, 회고록, 문헌 등을 순차적으로 읽고 비교하는 것이 좋다. 다른 책은 일절 손대지 말길 바란다. 이런 독서법 말고도 다른 방법으로 자유로운 시간을 효과적으로 사용할 수 있다면 그 또한 좋다. 단, 어떤 방법으로 독서를 하든 한꺼번에 여러 테마를 추구하기보다는 한 가지로 단순화해서 체계적으로 공부하는 편이 능률적이다.

여러 책을 읽다 보면 내용이 상반되거나 모순되는 경우도 분명 있단다. 그럴 때는 다른 책을 참고해보자. 이는 문제의 핵심을 벗어나는 방법이 아니야. 그럼으로써 오히려 기억이 선명해지기도 하거든.

때로는 책을 읽는 내내 전혀 머릿속에 들어오지 않을 수도 있을 것이다. 그런데 정치가들 사이에서 화제나 논쟁의 대상이 된 내용이라면, 그 책이나 그와 관련된 책 혹은 남들에게서 들은 이야기를 통해 책으로는 파악하지 못했던 일들이 머릿속에서 입체적으로 그려지는 경우가 있다. 그렇게 해서 얻은 지식은 의외로 완벽해서 좀처럼 잊히지 않는단다. 그런 의미에서 보자면, 사건이 일어난 현장으로 찾아가서 직접 이야기를 듣고 오는 것도 바람직한 방법이다.

아들아, 네가 사회인이 된 후에는 다음과 같은 독서법을 실행하면 좋겠구나.

첫째. 사회에 첫발을 내디딘 지금, 많은 책을 읽을 필요는 없다. 그보다는 여러 계층의 사람들과 이야기를 나눔으로써 정보를 수집하거라.

둘째. 너에게 직접적인 도움이 되지 않는 책은 읽지 말아라.

셋째. 하나의 주제를 정하고 그에 관련한 책에 집중해라.

이것들을 그대로 지킨다면 하루에 30분의 독서로도 충분하다.

#### dear my son
## 인간에 대해 관심을 가져라

아들아, 오늘 나는 아주 녹초가 되었다. 피곤한 일이 많았단다. 아니, 혼났다고 해야 할까. 먼 친척뻘인, 학식 풍부하고 참으로 훌륭한 신사가 찾아와 식사를 함께하면서 저녁 시간을 보냈단다.

너는 "왜 피곤했나요? 오히려 즐거웠어야 하지 않나요?" 하고 물을 수 있겠구나. 하지만 그 사람은 정말 구제 불능이었다. 그는 예의는커녕 대화도 제대로 할 줄 모르는, 이른바 세상 물정에 깜깜한 '학자 바보'였다.

흔히 잡담을 '근거 없는 시시한 이야기'라고들 하지 않더냐. 그런데 그의 이야기는 죄다 근거 있는 것들뿐이었다. 그래서 오히려 진절머리가 났지. 무던한 잡담이라면 차라리 고마웠을 텐데.

아마도 그는 오랫동안 연구실에 틀어박힌 채 여러 문제에 관해 사고를 거듭하여 주장을 확립했겠지. 그는 말끝마다 자기주장을 해대고는 내가 조금이라도 거기서 벗어난 말을 할라치면 눈을 부릅뜨고 분개했다. 분명 그의 주장은 모두 그럴듯했어. 그런데 유감스럽게도 그의 학문에는 현실성이 없었단다.

아들아, 너는 그 이유를 짐작하겠지? 그는 책만 읽고 사람과는 교제하지 않았다. 즉, 학문에는 밝지만 실생활 속 인간에 대해서는 전혀 무지했다는 뜻이다.

자기 생각을 말로 표현하는 순간마저도 얼마나 힘들어 보이던지, 딱할 정도였다. 말이 좀처럼 입에서 나오지 않더구나. 대화가 뚝뚝 끊기기가 일쑤였다. 게다가 어투는 어찌나 무뚝뚝하던지. 그 태도 또한 세련되지 않았고 말이다.

나는 곰곰이 생각했지. 아무리 학식이 풍부하고 뛰어나더라도 그런 사람과의 대화는 사양이다. 차라리 조금은 세상을 아는, 교양 없는 수다쟁이와 대화하는 편이 더 낫겠다 싶더구나.

*dear my son*

# 현실성을 반영한 학식을 갖춰라

현실감각이 결여된 사람이 휘두르는 이론은, 세상이 이론대로 돌아가지 않음을 아는 사람을 피곤하게 만든다. 예컨대 '세상은 그런 것이 아니오'라며 끝없이 말참견을 하고, 상대의 말은 전혀 귀담아 듣지 않는다.

어쩌면 당연하달까, 그는 옥스퍼드대나 케임브리지대에서 평생을 연구에만 매달렸을 테니 말이다. 즉, 인간의 두뇌나 마음 혹은 이성, 의지, 감정, 감각, 감상 등등에 대해 일반인으로서는 하기 힘든 부분까지 세분화해서 철저히 연구 분석하였을 거야. 그렇게 해서 확립된 자기 학설이니 쉽게 물러설 리 없지. 마냥 자신이 옳다고 믿을 것이다.

그것도 나름 훌륭한 일이겠다. 다만 곤란하게도, 그는 실제로 인간을 관찰하지도 않았고 교제도 하지 않았어. 그는 세상에는 여러 부류의 인간이 있으며 그만큼 다양한 관습이나 편견 혹은 기호가 있음을 모른다. 또한 그것들을 모두 종합해놓은 형태로 인간이 존재한다는 점을 전혀 모른다. 결국 실질적 인간에 대해서는 완전히 무지하다는 것이다.

그런 형편이니, 연구실에서 '인간은 칭찬받으면 기뻐한다'는 이론을 발견하고는 그것을 실천하려고 해보지만 정작 방법을 모른다. 그러면 어떻게 할까? 무턱대고 칭찬을 한다. 그 결과가 어떨까?

칭찬이라고 생각했던 말이 장소에 어울리지 않았거나, 들어맞지 않았거나, 기회가 없었거나…. 차라리 아무 말도 하지 않는 편이 더 나았을 텐데. 그들은 머릿속이 자기 생각으로만 가득 차 있어 주위 사람들이 어떠한 상황에 놓여 있는지, 어떠한 말을 하고 있는지는 전혀 인식하지 못한다. 더욱이 관심을 가지려는 마음조차 없다. 그래서 생각난 김에 앞뒤 없이 칭찬해버리는 것이다. 그러니 칭찬받은 사람은 어떻겠니? 오히려 어리둥절해하고 당황해하며, 다음에는 또 어떤 말을 듣게 될지 조마조마한 심정이겠지.

*dear my son*

## 칭찬의 위력을 깨달아라

　세상 물정을 모르는 학자에게 사람은 어떻게 보일까? 뉴턴이 프리즘을 통해서 빛을 보았을 때처럼 몇 가지 빛깔로 분류되어 보일까? 이 사람은 이 빛깔, 저 사람은 저 빛깔이라는 식으로 말이지. 그런데 경험이 풍부한 염색 기술자는 빛깔에는 명도와 채도가 있음을 잘 알고 있다. 한 가지 색깔로 보여도 여러 빛깔이 혼합되어 있음을 알지.

　아들아, 원래 하나의 빛깔로만 된 사람은 없단다. 조금이라도 다른 빛깔이 섞여 있거나 그림자가 들어 있어. 그뿐만이 아니다. 비단이 빛을 받는 정도에 따라서 여러 빛깔로 보이듯 상황에 따라서 어떤 빛깔로든 변할 수 있는 것이 바로 사람이다.

　이는 세상 속에서 살아가는 이라면 다 아는 상식이다. 하지만 세상에서 격리된 채 홀로 연구실에 틀어박혀 있는 자신만만한 학자는 그것을 모른다. 이는 머리로 생각해서 알 수 있는 것이 아니므로 공부한 바를 실천하려고 해도 앞뒤가 맞지 않는다. 그러니 생각대로 되지 않을 수밖에. 춤추는 것을 본 일이 없거나 춤을 배운 일이 없는 사람은, 제아무리 악보를 읽을 수 있고 멜로디나 리듬을 이해할 수 있더라도 춤을 추지 못하는 것과 마찬가지다. 즉, 자신의 눈으로 보고 귀로 듣고서 세상을 파악한 사람과는 전혀 다르다는 의미다.

그렇다면 '칭찬'의 위력을 아는 사람은 어떨까? 그는 언제 어디서 어떻게 칭찬하면 좋은가를 잘 안다. 마치 의사가 환자의 체질에 맞추어 투약하는 것과 같달까. 그들은 직접 칭찬하는 일은 좀처럼 하지 않는다. 완곡하게 비유적으로 혹은 암시적으로 칭찬을 건넨다.

아들아, 이처럼 머리로 생각하는 것과 현실 사이에는 커다란 차이가 있음을 기억하렴.

dear my son
# 책에서 얻은 지식을 실생활에서 활용하라

아들아, 혹시 지식도 인격도 훨씬 모자란 사람들이 우수한 사람들을 눈치채지 못하도록 능숙하게 조종하는 것을 본 적 있니? 나는 지금까지 여러 번 보아왔단다.

그것은 대개 열등한 사람들 쪽이 세상을 사는 지혜가 뛰어날 때 가능하다. 지식도 높고 인격도 훌륭하지만 세상 물정에는 어두운 사람들의 맹점을 파고들어 마음대로 조종하는 것이지.

스스로 직접 관찰하고 실제로 체험해서 세상을 아는 사람은, 단순히 책을 통해서만 세상을 보는 사람과는 근본적으로 다르다. 더 우수하지. 그것은 잘 훈련받은 말이 노새보다 훨씬 쓸모 있는 것과 같은 이치란다.

아들아, 너는 지금까지의 공부나 보고들은 바를 종합하여 나름의 판단을 거쳐 인격이나 행동 양식, 예의범절을 확립해야 할 시기에 이르렀다. 앞으로는 실질적인 세상을 겪고 거기서 익힌 것들을 상황에 맞추어 연마하면 된다. 그러자면 사회에 관해 적어놓은 책을 읽는 게 바람직하다. 책 속 세상과 현실을 비교해보면 좋은 공부가 될 거야.

 예컨대 라 로슈푸코(프랑스의 모럴리스트)의 격언을 책으로 접하고 깊이 고찰하였다면, 그것을 밤에 사교장에서 만나는 사람들에게 적용해보는 것이다. 라 브뤼에르(프랑스의 모럴리스트)의 작품을 읽었다면, 거기에 묘사된 세계를 사교장에서 실제로 확인해보는 것이다.

 아들아, 인간의 심리나 감정의 동요 등을 다룬 책에는 갖가지 내용이 담겨 있다. 그것을 미리 읽어두면 참 좋다. 하지만 거기서 멈추어서는 안 된다. 실제로 사회에 발을 들여놓고 관찰해야만 모처럼 얻은 지식이 산지식이 된단다. 그렇지 않으면 오히려 잘못된 방향으로 나아가버릴 수 있어. 방 안에서 세계지도를 펼쳐놓고 제아무리 뚫어지게 들여다본들, 세계에 관해 하나도 알지 못하는 것과 같은 이치란다.

**dear my son**

## 사람을 제대로 평가하는 안목을 키워라

젊은이들은 사람이나 사물에 대해 보고 들은 바를 과대평가하곤 한다. 그것은 잘 모르기 때문이다. 진실을 알고 나면 그 평가는 점점 낮아지게 마련이지.

아들아, 인간은 네 생각처럼 그렇게 이지적이거나 이성적이지 않단다. 때로는 감정의 지배를 받고 너무나도 쉽게 무너져버리는 나약함도 지녔다.

일반적으로 유능하다는 사람들도 절대적이지 않음을 너 역시 알고 있겠지. 그런데도 여전히 '유능하다'고 평가받는 것은 다른 사람들과 '비교해서 그렇다는 것'이다. 보통 사람들보다 결점이 적다는 이유만으로 '유능하다'는 말을 듣고 그로써 우위에 서 있는 것에 불과하지.

그들은 우선 스스로를 억제하고 결점을 줄임으로써 수많은 사람을 다룬다. 그때는 이성에 호소하여 다루는 어리석음을 행하지 않는다. 감정과 감각 등 다루기 쉬운 점을 교묘하게 파고들지. 그래서 실패하는 일은 거의 없다.

그러나 다시 잘 살펴보면, 위대하고 완벽하다고 칭송받는 사람들도 결점이 제법 보인다. 저 위대한 브루투스(로마의 정치가이며 군인)를 봐라. 마케도니아에서는 도둑과 비슷한 짓도 하지 않았더냐! 프랑스의 추기경 리슐리외도 그렇다. 자신의 시 쓰는 재능을 조금이라도 높게 평가받으려고 보기에 좋지 않은 행동을 했었지. 말버러 공작 역시 인색한 면을 자주 보였고 말이다.

아들아, 너만의 눈으로 인간이란 어떤 존재인지를 알 수 있게 될 때까지는 라 로슈푸코 공작의 《격언집(Maximes)》을 읽으면 좋다. 이 책을 날마다 잠깐이라도 좋으니 읽기 바란다. 나는 이 책만큼 인간의 모습을 있는 그대로 정확히 파악하고 있는 책은 드물고, 이 책만큼 인간에 관해 많은 것을 일깨워주는 책은 없다고 생각한다.

이 책을 읽으면 너 역시도 인간을 필요 이상으로 과대평가하는 일은 없을 것이다. 그렇다고 해서 인간을 부당하게 깎아내리는 책이라는 의미는 아니다. 그것은 내가 보증하마.

dear my son
# 젊은 패기와 쾌활함을 활용하라

네 또래의 젊은이들은 언제나 새로운 힘이 넘쳐흐른다. 누군가가 옳은 길로 안내해주지 않으면 어느 방향으로 튈지 알 수 없지. 자칫하면 넘어져 목뼈가 부러질 염려도 있다. 그러나 이 무모한 젊음도 비난만 받는 것은 아니다. 거기에 신중함과 자제력만 더해지면 모든 사람에게서 환영받기도 하지.

그러니 아들아, 젊은 사람에게 흔히 있는 들뜬 마음은 접어두어라. 그 대신 젊은이다운 쾌활함과 패기를 가지고 당당히 사람들 속으로 들어가보아라. 젊은이의 변덕은 비록 고의가 아니더라도 상대방을 화나게 하는 수가 있다. 그러나 발랄하고 씩씩한 모습은 모두의 마음을 사로잡을 수 있다.

아들아, 가능하다면 만나야 할 사람들의 성격이나 그들이 처한 상황을 미리 살펴두는 것이 좋다. 그러면 무계획적으로 지레짐작하면서 말을 걸어야 하는 어려움은 없을 것이다.

**dear my son**
# 일반적인 칭찬거리를 준비하라

사람은 특히 자기보다 우월한 사람들 속에 끼어 있으면 언제나 남들이 자기만 주목한다는 느낌을 받는다. 남들이 뭐라고 소곤거리면 자기에 대해 말하고 있다고 여긴다. 또한 상대방이 웃고 있으면 마치 자신이 웃음거리가 되었다고 생각하기 쉽다. 또한 분명한 의미를 알 수 없는 말을 들었을 때도 틀림없이 자신을 두고 한 말이라고 생각한다. 스크라브가 《계략(Stratagem)》에서 재미있게 썼듯이 '저렇게 큰 소리로 웃는 건 틀림없이 나 때문일 거야!'라고 단정해버리는 것이다.

네가 앞으로 사귀게 될 이들 중에는 마음씨가 좋은 사람도, 좋지 않은 사람도 있을 것이다. 남을 비판하기 좋아하는 사람도 있을 테고, 그보다 더 비난받아 마땅한 사람도 있을 것이다. 그들에게는 그 자리에 함께한 모두가 갖췄을 만한 장점을 칭찬해주거나 단점을 옹호해주는 것이 좋다. 그러면 그것이 아무리 일반론에 지나지 않더라도 자기 자신을 두고 한 말이라고 생각하여 기뻐할 것이다.

**dear my son**

# 솔직하게 도움을 청하라

아들아, 훌륭한 사람들 속에 섞여서 실패를 거듭하고 좌절감을 실컷 맛보는 동안 너도 점점 세련된 태도를 몸에 익혀갈 것이다. 남자든 여자든 네가 가장 친하게 지낸 사람 몇몇에게 "저는 젊음과 경험이 부족해서 무례한 짓을 많이 저지르고 있습니다. 그것을 발견했을 때는 주저 말고 지적해주십시오" 하고 부탁해보거라. 그때 지적을 받으면 우정의 증거라고 생각하고 "고맙습니다"라고 꼭 인사하거라.

이처럼 속마음을 숨김없이 터놓고 상대의 도움을 청하고 그들이 베푼 도움에 대해 고마움을 잊지 않으면, 그들은 흐뭇해하며 다른 사람들에게도 너에게 힘이 되어주라고 부탁할 것이다. 그러면 많은 사람이 친밀한 마음으로 기꺼이 너의 무례한 행위나 부적절한 말과 행동을 충고해주겠지. 그러다 보면 너는 차츰 마음과 몸이 자유로워지고, 대화 상대나 함께한 사람의 성향에 맞추어 카멜레온처럼 변화무쌍하게 행동하는 능력을 갖출 수 있을 것이다.

dear my son
## 작은 일에도 최선을 다하는 습관을 들여라

하찮은 일에 정신과 시간을 빼앗긴 채 1년 내내 바쁘게 사는 사람들이 있다. 그들은 무엇이 중요하고 무엇이 중요하지 않은지를 구분하지 못한다. 그래서 중요한 일에 소비해야 할 시간과 노력을 사소한 일에 쏟아버리지.

이들은 누군가와 만나서 이야기를 나눌 때도 상대방의 겉모습에만 마음을 빼앗겨 정작 그의 인격을 보지 못한다. 마치 연극을 볼 때 그 내용보다는 무대 장식에만 눈을 빼앗기는 것과 마찬가지지. 정치에서도 정책이 이렇다거나 저렇다거나 진지하게 말하기보다는 형식에 얽매여버린다. 이래서는 절대 안 된다.

그런데 똑같이 하찮게 여겨지더라도 그것을 하지 않으면 타인의 호감을 살 수도, 타인을 즐겁게 할 수도 없는 일이 있다. 즉, 우리가 훌륭한 사람이 되기 위해 지식이나 식견을 넓히는 것 또는 좋은 태도를 몸에 익히는 것 등이지. 그러니 아무리 사소하더라도 노력해서 익힐 가치가 있다고 생각되는 것은 최선을 다해 성취해야 한다. 슬기롭게 그 일을 달성하기 위해서는 무엇보다 노력하는 습관을 기울여야 한단다.

   아들아, 너에게 꼭 권하고 싶구나. 예컨대 춤이나 옷차림 같은 사소한 것까지 신경을 쓰거라. 요즘에는 춤도 젊은이들이 익혀두어야만 하는 것으로 인식되고 있잖니. 그러니 춤을 배울 때는 단정한 마음으로 배워야겠지. 우스꽝스러운 동작이라고 해서 무시해서는 안 된다.

   옷차림도 마찬가지란다. 인간은 누구나 옷을 입어야 하니, 이왕이면 단정하게 입는 것이 좋겠지?

**dear my son**

# 상대방에게 주의를 기울여라

대체로 주의가 산만하다는 말을 듣는 이들은 어딘가 모자라거나 집중력이 부족한 사람이다. 어느 쪽이든 함께 있어도 즐겁지 않을 것은 확실하다. 그들은 모든 면에서 예의에 어긋나 있기 때문이다.

예를 들자면 다음과 같다. 어제까지만 해도 다정했던 사람에게 오늘은 갑작스레 모른 척을 한다든지, 다 함께 즐거운 이야기를 나누는 자리에 어울리려고 하지 않는 경우다. 대화가 한창 진행 중인데 갑작스레 생각났다는 듯 주제를 바꾸려는 경우도 그렇다. 어느 무리의 대화에 이따금 자기 마음대로 끼어드는 경우도 있다. 이는 한 가지 일에 정신을 집중하지 못한다는 증거다. 그렇지 않다면 더 중요하다고 여겨지는 무엇인가에 정신을 빼앗기고 있다고밖에 볼 수 없겠지.

물론 뉴턴(영국의 물리학자이자 천문학자)을 비롯하여 오늘날까지 위대한 업적을 남겼던 수많은 천재는 주위에 아무리 사람이 많아도 사색에 깊이 몰두할 집중력이 있었다. 하지만 그러한 면죄부를 갖지 못한 일반 사람들은 그래서는 안 된다. 조금이라도 그들의 흉내를

냈다가는 단순한 얼간이 취급을 받기 일쑤고, 결국 동료들 사이에서도 따돌림을 당하게 마련이란다.

아들아, 집중력이 모자라거나 주의가 산만한 사람은 함께 있는 대다수의 사람을 불쾌하게 만든다. 그것은 상대방을 모욕하는 것과 다르지 않아. 모욕은 누구라도 용서할 수 없는 일이지. 생각해보렴. 자기가 존경하는 사람이나 사랑하는 사람을 앞에 두고 어떻게 딴생각에 빠지겠니? 그럴 리가 없지. 요컨대 주목할 만한 가치가 있다고 생각하는 사람에 대해서는 그가 하는 모든 것에 집중할 수밖에 없는 법이다. 그리고 어떠한 경우에도 주목할 가치가 없는 상대는 없음을 명심하렴.

솔직히 말해, 마음이 다른 곳에 가 있는 사람과 함께 있을 바에야 차라리 죽은 사람과 함께 있는 편이 낫다고 생각한다. 적어도 죽은 사람은 나를 무시하지 않고 바보 취급도 하지 않을 테니까.

그런데 상대방이 나에게 집중하지 못하고 산만하다면, 그는 나를 주목할 가치가 없는 존재로 무언의 단정을 내려버린 셈이겠지? 설령 나에 대한 그의 평가가 옳았더라도 정신 산만한 그가 과연 같이 있는 사람들의 인격이나 매너, 그 지역의 관습 따위를 제대로 관찰할 수는 없다고 생각한다.

그런 사람은 설령 평생을 훌륭한 사람들에게 둘러싸여 있어도 무엇 하나 얻는 것 없이 인생을 허비해버리고 말 것이다. 물론 그를 사람들이 받아들일지는 몹시 회의적이고, 나 역시 결코 받아들이지 않겠지만 말이야.

아들아, 여하튼 지금 당장 해야 할 일과 하고 있는 일에 정신을 집중하지 못하는 사람은 훌륭한 일을 할 수 없을뿐더러, 좋은 대화의 상대도 되지 못할 것은 자명하다.

#### dear my son
# 너무 깊은 사색에 빠지지 마라

나는 너의 교육에 비용을 아낄 생각이 없다. 그것은 너도 경험상 충분히 알고 있겠지! 그렇다고 해서 너에게 이른바 '주의환기인(注意喚起人)'을 고용해줄 생각도 없다. 아, 조너선 스위프트가 쓴 『걸리버 여행기』에 나온 주의환기인은 너도 알고 있을 테지?

그 책의 라퓨타 철학자들은 항상 깊은 사색에 잠겨 있느라 주의환기인이 발성 기관이나 청각 기관을 직접 만져주지 않으면 이야기를 할 수 없고, 다른 사람의 이야기도 들을 수 없다지. 그래서 여유 있는 집에서는 하인 중 한 사람에게 그 일을 맡긴다는구나.

주인들은 주의환기인 없이는 외출할 수도, 남의 집을 방문할 수도 없다. 산책조차 혼자서 할 수 없어. 왜냐하면 사색에 잠겨 있다가 갑자기 어떤 위험에 처했을 때 주의환기인이 눈꺼풀을 가볍게 건드려서 그것을 알려주지 않으면 언제 벼랑에서 발을 헛디딜지, 기둥에 머리를 부딪힐지 알 수 없기 때문이야. 또 거리를 걸을 때는 언제 사람들과 부딪칠지, 언제 개집을 발로 걷어찰지 모르기 때문이고.

물론 나는 네가 라퓨타 사람들처럼 깊은 사색에 잠겨 주의가 산만해지리라고는 추호도 생각하지 않는다. 너는 오히려 머릿속이 비어 있는 편이겠지만, 너무 부주의하여 주의환기인의 도움을 받아야 할 일은 일어나지 않도록 조심하기 바란다.

*dear my son*

## 진실의 역사를 보는 눈을 키워라

역사책은 대개 역사적 사건의 동기나 원인을 기록하고 있다. 하지만 그것을 그대로 믿어서는 안 돼. 그 사건에 관련된 인물의 사고방식이나 이해관계를 고려해보는 습관을 가져야 한다. 그리고 나서 저자의 고찰이 정당한지, 혹시 다른 가능성이나 더 큰 동기는 없는지를 스스로 생각해봐야 한다. 그때 비굴한 동기나 자질구레한 원인이라도 지나쳐서는 안 된다. 왜냐하면 인간은 복잡하고도 모순투성이인 생명체이기 때문이다.

아들아, 인간의 감정은 격해지기 쉽고 의지는 허약한 데다 마음은 신체의 건강 상태에 따라서 좌우되기 쉽단다. 즉, 인간은 한결같지 않고 그날그날에 따라 수시로 변한다. 아무리 뛰어난 사람이라도 시시한 구석이 있게 마련이고, 보잘것없는 사람이라도 훌륭한 데가 있는 법이지. 즉, 뜻밖의 사람이 엉뚱하게도 훌륭한 일을 해내는 장점을 가진 경우가 있단다. 그것이 바로 인간이다.

예를 들어보자. 역사적 사건의 원인을 밝히려고 할 때 우리는 보다 더 고상한 동기를 찾고자 하는 경향이 있다. 그런데 진정한 원인이란, 다른 데 있는 경우가 많다. 예컨대 루터의 종교 개혁을 보자면 루터의 금전욕이 좌절당한 것이 진짜 이유였다는 것마저 모른다. 그럼에도 불구하고 역사의 대가라고 스스로 말하기를 좋아하는 사람들은 역사적인 대사건뿐만 아니라 사소한 사건까지도 깊은 정치적 동기를 적용해버린다. 이 얼마나 우스운 노릇이냐.

그렇기에 인간은 모순투성이 존재이다. 항상 인간적으로 탁월한 장점에 의해서만 그 행동이 좌우되는 것은 아니다. 현명한 사람이 어리석은 행동을 하기도 하고, 어리석은 사람이 현명한 일을 하기도 한다. 때론 모순된 감정에 사로잡혀 그것이 바뀌기도 한다. 즉, 그날 그날의 몸과 정신 상태에 따라 변하는 것이 인간이다. 그런데도 '가장 가능성이 많은 동기니까'라든지 또는 '매듭짓기가 좋은 동기니까'라며 고상한 동기를 갖다 붙이려고 든다. 이는 명백한 잘못이다. 이를테면 맛있는 식사를 하고 편히 잘 자고 상쾌한 아침을 맞이하였다는 이유만으로 영웅적인 활동을 하는 남자가, 소화 안되는 식사를 하고 편히 자지 못하고 게다가 아침에 비가 왔다는 이유만으로 아주 쉽게 겁쟁이로 변해버리는 경우도 있지.

이처럼 인간 행위의 참된 실체는 아무리 규명하려 해도 추측의 영역을 벗어나기는 어렵단다. 기껏해야 이러저러한 사건이 있었다는 것만이 어렴풋하게나마 우리가 알 수 있고, 알고 있었던 것 같은 기분이 드는 것이다.

시저는 23인의 음모에 의해 살해당했다. 이것은 의심할 여지가 없다. 하지만 이 23인의 음모자가 과연 진정으로 자유를 사랑하고 로마를 사랑해서 시저를 죽였을까? 나는 '글쎄…'라고 대답하겠다. 과연 그것만이 이유였을까? 적어도 그것이 주요한 원인이었을까? 사건의 주모자인 브루투스조차도, 이를테면 시저를 시기해서 또는 원망이나 실망 같은 다른 여러 사적 동기가 원인은 아니었을까? 혹은 그러한 동기가 약간은 포함되었다고 할 수 있지 않을까?

*dear my son*

## 역사를 통해 올바른 판단력과 분석력을 길러라

역사적인 사실 그 자체가 의심스럽게 생각되는 경우도 종종 있다. 적어도 그 사실과 결부된 배경은 거의 의심스러운 눈으로 본다. 날마다 자신이 경험하는 것을 돌이켜 생각해보렴. 역사의 신빙성이 얼마나 희박한지를 쉽게 알 수 있을 것이다.

예컨대 최근에 일어난 사건에 대해서 몇몇이 증언을 할 경우를 보자. 과연 그들의 말은 완전히 일치할까? 물론 아니다. 다르게 생각하는 사람도 있고, 증언할 때마다 뉘앙스가 달라지는 사람도 있다. 정확하게 증언하는 사람이 있는가 하면, 아예 사실을 왜곡하는 사람도 있다. 게다가 증언을 기록하는 서기들이 반드시 공정하게 기록하리라는 보장도 없다.

그런 의미에서 보자면, 역사학자가 공정하게 역사를 기록했는지는 알 수가 없단다. 학자에 따라 자신의 지론을 처음부터 끝까지 전개하고 싶어 할 수도 있고, 빨리 그 부분을 끝내고 싶어 할 수도 있다. 재미있는 사실을 하나 말하자면, 프랑스 역사책의 각 장 첫머리에는 '이것은 진실이다'라는 한마디가 반드시 들어가 있다는 점이다. 그러니 역사학자의 이름만으로 모든 것이 옳다고 생각하지는 말 거라. 스스로 분석하고, 스스로 판단하는 능력을 기르는 것이 중요하다.

그렇다고 역사를 공부할 필요가 없다는 말은 아니다. 모든 사람이 인정하는 역사적 사실은 엄연히 존재하니, 사람들의 입에 오르내리고 책에서 다룬 것들은 알아두어야 한다.

자, 시저의 망령이 브루투스 앞에 나타났다고 기록하는 학자들이 있다. 나는 그것을 믿지 않는다. 하지만 그런 말들이 화제에 오르고 있다는 사실을 전혀 모른다는 것은 부끄러운 노릇이다.

이밖에도 역사학자가 그렇게 기술했다는 이유로, 어느 누구도 믿지 않는 일을 당연하다는 듯 화제로 삼거나 책에 기록하기도 한다. 그렇게 해서 뿌리내린 것이 이교도 신학이다. 제우스나 아레스나 아폴론 등 고대 그리스 신들도 마찬가지다. 만약 그들이 실존했다 하더라도 보통의 인간이었을 것이다.

아들아, 역사를 보는 시각이 아무리 회의적이라도 이처럼 하나의 상식화한 것들은 제대로 공부할 필요가 있다. 아니, 오히려 역사는 인간이 사회를 살아가는 데 그 어떤 학문보다도 필요한 것이라고 하겠다.

*dear my son*
## 과거의 시각으로 현재를 보지 마라

아들아, 과거에도 그랬으니 현재도 그렇다고 단정해서는 안 된다. 과거의 예로써 현재의 문제를 검토하는 것은 좋지만, 그러려면 무엇보다 신중해야 한다. 아무리 버둥질해도 과거 사건의 진상은 알 도리가 없다. 기껏해야 추측이 전부지. 무엇이 원인이었는지를 알 도리가 있을까? 과거의 증언은 현재의 증언에 비하면 훨씬 애매한 법이니까. 게다가 오래된 역사일수록 신빙성이 희박해지니까.

위대한 학자들 중에는 공과 사를 막론하고 비슷하다는 이유만으로 생각없이 과거의 사례를 인용하는 이가 있다. 이것은 참 어리석은 짓이다. 천지 창조 이래 이 세상에 똑같은 사건이 일어난 예가 있었을까! 더구나 어떤 역사가라도 사건의 전모를 파악하거나 기록한 이는 없었으니, 그것을 기초로 한 논쟁 따위는 하나도 의미가 없다.

아들아, 과거의 사례들을 인용할 때 '역사학자의 기록이니까', '시인이 썼으니까'라는 이유만으로 인용하지 말아라. 사건은 하나하나가 다르니 개별적으로 논해야 한다. 비슷하다고 생각하는 예를 참고하는 것은 좋지만, 그것을 판단의 근거로 삼아서는 안 된다.

*dear my son*

## 역사를 제대로 공부하는 방법

아들아, 지나간 역사를 공부하는 것은 참으로 중요한 일이다. 그러니 대중이 알 만한 것이라면, 믿을 만한 역사학자의 저서를 읽고 공부해두는 것이 좋다. 그 사실 여부와 상관없이, 우선 지식으로 알아두는 것이 중요하단다.

아들아, 너는 역사를 어떤 방법으로 공부하고 있는지 궁금하구나. 시간과 노력을 절약하려면 대사건을 중심으로 공부하고, 나머지는 대충 훑어보는 융통성을 부려도 좋다. 또한 어떤 내용이든지 똑같은 정도로 힘을 기울여 똑같이 기억하려는 방법도 있다.

나는 다른 방법을 권하고 싶구나. 우선, 나라별로 간단한 역사책을 읽어 대략적인 개요를 파악하렴. 그와 더불어 특이한 점, 예컨대 누가 어디를 정복했다든지 왕이나 정치 형태가 바뀐 시점 등 중요하다고 생각하는 것들을 뽑아내라. 그런 후 발췌 사항들에 대해 상세하게 기록된 논문이나 책들을 읽고 철저히 공부하면 된다. 이때 스스로 깊이 파악하는 통찰력이 중요해. 원인을 찾아내서 그것이 어떤 사건을 일으켰는가를 생각하는 것이 중요 포인트이기 때문이야.

*dear my son*
## 역사적 사실을 고찰하는 습관을 들여라

아들아, 프랑스 역사에 대한 너의 고찰은 참으로 핵심을 찔렀구나. 네가 책을 읽을 때 내용 파악에만 그치지 않고 그 내용에 대해 깊이 생각하고 있다는 것에 무엇보다 기뻤다.

독서를 하면서도 자기 스스로 판단하지 않고 그저 적힌 내용을 막연히 머릿속에 집어넣기만 하는 사람이 많다. 그러니 닥치는 대로 정보만 쌓여, 머릿속이 마치 잡동사니를 넣어두는 창고처럼 되어버리지. 잘 정돈된 방이어야 필요한 지식을 필요한 순간에 바로 꺼낼 수 있단다.

아들아, 지금의 네 방식을 계속 유지해주기 바란다. 저자의 이름만으로 책 내용을 비판 없이 받아들이지 말고, 내용이 얼마나 정확한지 저자의 고찰은 얼마나 옳은지를 네 스스로 판단하여라.

하나의 역사적인 사실에 대해서는 여러 책을 보고, 거기서 얻은 정보를 종합해서 자기 의견을 갖는 것이 좋다. 거기까지가 역사라는 학문의 손이 미치는 범위다. 유감스럽게도 '역사적 진실'을 명확하게 밝혀낸다는 것은 사실 불가능하기 때문이다.

*dear my son*
## 책과 사람에게서 배워라

프랑스 역사에 대해서 짧지만 아주 잘 정리된 르장드르(프랑스 수학자)의 역사책이 있다. 그 책을 정독하고 나면 프랑스 역사에 대해 어느 정도 윤곽을 잡을 수 있다. 그 책에서 역사적인 중요 포인트를 알고 나면 메제레이의 역사책으로 넘어가자. 그밖에도 하나하나의 시대와 사건에 대해서 상세히 기술한 역사책이나 정치적 관점에서 쓰인 논문 등 참고 자료들은 얼마든지 있다.

근대사라면, 필립 드 코민느의 회고록을 비롯해 루이 14세 시대에 씌인 역사책들을 보려므나. 적당하게 골라 읽으면 한 시대와 사건을 입체적으로 알 수 있을 테니.

그밖에도 프랑스에서 여러 계층의 사람들과 이야기할 기회가 있을 때, 만약 역사와 같은 딱딱한 이야기를 능란하게 화제로 다룰 재주가 있다면 한번 시도해보렴. 설령 역사에 관심이 적은 사람이라도 자기 나라의 역사를 전혀 모른다고는 말하지 않을 것이다, 어느 정도는 알고 있을 테지. 비록 역사책을 한 권밖에 읽지 않은 사람이라도(실제로 그런 사람이 많다), 그나마 읽었으니 자랑스럽게 생각하고 기꺼이 이야기해줄 것이다. 그 나라 사람들은 평소에도 그런 종류의 책을 많이 읽는다고 하니 틀림없이 참고가 될 것이다.

아들아, 이렇게 얻은 지식은 책에서는 얻을 수 없는 것들을 많이 제공해줄 것이다.

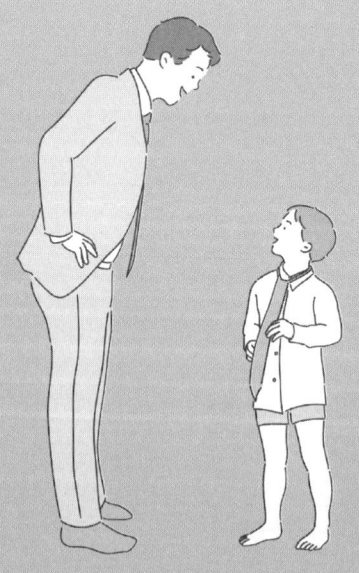

chapter 2
자기계발 백서

dear my son
## **지식을 쌓고 마음을 통제하라**

아들아, 적당한 수준에서 절제하고 통제할 수 있다면 네 나이 때에는 무리하게 운동하지 않아도 충분히 건강을 유지할 수 있다. 그러나 사람의 두뇌는 그렇지 않아. 특히 네 나이 때는 평소에도 마음을 절제하는 것이 필요하단다. 때로는 머리를 쉬도록 하는 취미를 갖거나 운동을 해라. 지금 이 시간을 효과적으로 어떻게 활용하느냐가 핵심 포인트야. 그것이 미래의 네 두뇌 활동에 큰 영향을 미친다.

아들아, 두뇌를 명석하게 만들고 건강한 상태로 유지하기 위해서는 상당한 훈련이 필요해. 훈련된 두뇌와 그렇지 않은 두뇌는 비교해보면 금세 알 수 있으니, 두뇌 훈련에 아무리 많은 시간과 노력을 쏟아부어도 좋다.

물론 때로는 훈련 따위는 하지 않았는데도 자연적인 힘만으로 천부적인 재능이 나타나기도 하지. 그러나 그런 일은 좀처럼 흔하지 않으니 무작정 그것을 기대하고 기다리지는 말아라. 게다가 만일 그러한 천부적인 재능에 훈련까지 보태진다면 더 위대해질 것은 자명하지.

그러니 늦기 전에 지식을 쌓을 수 있도록 노력을 아끼지 말기 바란다. 만약 그것을 해내지 못한다면 너는 출세는커녕 어쩌면 평범한 인간조차도 되기 어려울 거야.

아들아, 다시 한 번 너 자신을 돌아보아라. 너에게는 지금 출세의 발판이 될 만한 지위도 재산도 전혀 없다. 나도 언제까지 너에게 힘이 되어줄 수 있을지 모른다. 아마도 네가 성인이 되어 사회에 진출해 있을 무렵이면 나는 이미 은퇴했을 것이다. 그렇다면 너는 무엇에 의지하고 기대할 수 있을까? 그때는 오직 자신의 힘밖에 없다. 너 자신의 힘만이 유일한 출세 방법일 것이며, 또 그래야만 한다. 그러니 너에게 그만한 힘을 키워두어야겠지.

자신은 뛰어난데 사회에서 인정을 받지 못했다든지 남에게 밀렸다는 말을 하는 사람이 있다. 하지만 내가 알고 있는 바, 실제 그런 일은 없단다. 자기 향상을 위해 노력하는 특출한 사람은 어떠한 역경이 닥치더라도 반드시 성공을 거두게 마련이야.

dear my son
## 특출한 사람이 되도록 노력하라

내가 말한 '특출한 사람'은 지식과 식견 그리고 매너가 훌륭한 사람을 의미한다. 식견이 얼마나 중요한가는 새삼스럽게 더 말할 필요도 없겠지. 다만 여기서 한마디 하자면, 식견을 갖추지 못한 사람은 쓸쓸한 인생을 살아간다는 것이다.

아들아, 지식은 네가 무엇을 목표로 삼든지 충분히 몸에 익혀두어야만 한다.

매너는 지금 제시한 요소들 중 가장 사소한 것일 수 있다. 그러나 특출한 사람이 되기 위해서는 빼놓을 수 없는 요소지. 매너가 어떠하냐에 따라서 지식이나 식견이 빛나기도 하고 흐려지기도 하거든. 한편으로는 사람의 마음을 매료시키는 것이 어쩌면 지식이나 식견이 아니라 그 사람의 매너인 것 같아 유감스럽기도 하고.

*dear my son*
## 노력 없는 성과를 바라지 마라

'게으름'에 대해서 네게 말해주고 싶구나. 너도 알다시피, 너를 향한 나의 애정은 여린 어머니의 그것과는 다르다. 나는 내 자식의 결점을 보고도 그냥 지나치는 따위의 나약한 행동은 하지 않아. 아니, 오히려 결점이 있으면 그것을 지적하고 바로잡아줄 것이다. 그것이 부모의 의무이자 특권이라고 생각하기 때문이다. 더불어 내가 지적한 점을 고치려고 노력하는 것이 자식인 너의 의무이자 권리라고 보는데, 네 생각은 어떻니?

다행히도 지금까지 내가 봐온 바로는, 성격이나 재능 면에서 너에게 별다른 문제는 없었다. 다만 약간 게으르고 산만하며 무관심한 태도가 보이더구나. 그러한 면들은 육체적으로나 정신적으로 나이든 노인에게는 허용될 수 있다. 인생의 황혼기를 맞이한 노인은 여생을 평온히 보내기를 원하기 때문이지. 하지만 젊은이에게는 절대로 용납할 수 없는 일이야. 젊은 사람은 남보다 뛰어나고 더 돋보이도록 노력해야 하거든. 민첩하게 행동하고 무엇을 하든지 끈기가 있어야 하지.

시저는 이렇게 말했다.

"무언가를 만들어내는 훌륭한 행동이 아니면 행동이라고 말할 수 없다."

너에게는 용솟음치는 젊음의 활기 같은 것이 조금 모자라 보이는구나. 활기를 머금고 있어야 주위 사람들을 기쁘게 할 수 있고, 남들보다 뛰어나게 돋보이고자 노력할 수 있는 법이란다.

다시 한 번 말하자면, 존경받을 만한 사람이 되고 싶다면 그렇게 되기 위해 부단히 노력해야 한다. 그렇지 않고서는 결코 존경받는 사람이 될 수 없다. 이것은 진리다. 남을 기쁘게 하려고 마음을 쓰지 않으면 남을 기쁘게 만들 수 없는 것과 똑같은 이치다.

아들아, 나는 누구나 자신이 마음먹은 바를 이룰 수 있다고 믿는다. 평범한 재능을 가졌다면 자신의 능력을 개발하고 집중력을 배양하는 노력을 게을리하지 않는 한 훌륭한 사람이 될 수 있다.

너는 앞으로 사회에서 한몫을 담당할 것이다. 그러기 위해서 너는 지금 세계 여러 나라의 정세, 나라 간 이해관계, 각국의 경제 상태, 역사 및 관습 등을 골고루 습득해야 한다. 이것은 일반인들이라도 조금만 노력을 기울이면 충분히 가능한 일이다. 즉, 그것을 할 수 없다고 말한다면 누구도 이해하지 못할 것이다. 왜냐하면 자신이 무엇을 해야 하는지를 알고 있으면서도 그것을 하지 않는 것은 게을러서라고밖에 할 수 없기 때문이다.

**dear my son**
# 높은 이상을 품어라

    게으른 사람은 일을 성취하려는 노력을 자주 중단한다. 끝까지 가질 못한다. 조금만 까다롭거나 골치가 쑤시면 쉽게 좌절하고 목표 달성 직전에 포기한다. 그리하여 표면적인 것에 불과한 지식을 얻는 데 만족해버린다. 이는 조금 더 참고 노력하기보다 바보나 무지한 인간이 되는 쪽을 선택하는 것과 같다.

    하지만 아들아, 성취하거나 체득할 가치가 있는 것은 다소의 어려움이나 골치 아픈 일이 따라다니게 마련이란다. 게으른 사람들은 무슨 일에든 지레 겁을 먹고는 '할 수 없다'고 결론을 내고 만다. 실제로 진지하게 도전했을 때 할 수 없는 일이란 그다지 많지 않은데도 말이다. 그들은 모든 일을 바로 불가능하다고 결정지어버리고는 자신의 게으름, 즉 태만을 변명하려고 그렇게 생각을 몰아가는 것일 뿐이야.

    그들에게는 한 가지 일에 한 시간을 집중하는 것도 일종의 고통이라, 무슨 일이든지 처음에 받아들인 대로 해석할 뿐 다른 관점으로는 생각하려고 들지 않아. 결국 깊이 고민하지 않는 것이지. 그런 사람들이 통찰력이나 집중력을 겸비한 사람을 상대로 대화를 시작하면 어떻게 될까? 금세 자신의 무지와 태만이 드러날 테니 횡설수설하면서 종잡을 수 없는 이야기만 늘어놓는단다.

아들아, 처음에 어렵거나 귀찮은 일이라고 생각되어도 결코 포기해서는 안 된다. 더욱 용기를 내어 성인이라면 누구나 알고 있어야 할 일은 철저하게 알고야 말겠다는 굳은 마음가짐을 가져야 한다. 그런 의지도 없이 어떻게 이 험한 세상을 살아갈 수 있겠니?

**dear my son**

## 전문 분야 이외의 상식을 알아두어라

특정 직업을 가진 사람에게는 필요하지만 그 밖의 사람에게는 필요하지 않은 지식이 있다. 예컨대 항해학이나 천문학 같은 전문 지식은 평상시 대화에서 네가 적당한 질문을 던지면 얻어낼 만한 표면적이고 일반적인 지식만으로도 충분하다.

그러나 어떠한 직업을 가졌든 공통적으로 알아야 할 지식이라면 철저하게 알아두는 것이 좋다. 예를 들면 외국어·역사·지리·철학·논리학·수사학 등이야. 네 경우로 보자면 저것들 외에도 유럽 각국의 정치 형태나 군사 및 종교에 관한 지식 등이 필요하겠다. 이 광범위한 지식 체계를 자기 것으로 흡수하려면 각별한 노력이 필요하겠지! 한 가지씩 꾸준하게 그 지식을 쌓아가면 금방 가능하다. 그리고 그 노력은 너의 미래에 큰 재산이 되어줄 것이다.

**dear my son**
# 할 수 없다고 말하지 마라

　아들아, 너는 어리석은 사람들이 흔히 입에 올리는 '그런 일은 할 수 없다'라는 변명 따위는 하지 말아라. 나는 네가 그러지 않으리라고 믿는다. 정신적으로나 육체적으로 '사람이 할 수 없는' 일은 거의 없다. 그러니 '한 가지 일에 오랫동안 집중할 수 없다'는 말은 '나는 바보요'라거나 '하기 싫다'라는 말과 조금도 다를 바가 없다.
　내 지인 중에 칼을 어떻게 몸에 차야 하는지 모르는 이가 있었다. 그는 식사할 때마다 그것을 풀어두곤 했다. 칼을 찬 채로 식사를 할 수는 없다는 것이었다. 그래서 나는 이렇게 충고했다.
　"칼을 풀어둔다는 것은, 이 식사 중에는 자신에게나 다른 동석자에게나 위험한 일이 절대로 일어나지 않는다고 당신이 보증한다는 의미입니다."
　여하튼, 다른 모든 사람이 하고 있는 일을 '할 수 없다'고 말하는 것은 참으로 부끄러운 일이며 또한 어리석은 일이다.

*dear my son*

## **길잡이의 가르침을 새겨라**

인간과 인간의 성격 및 태도, 즉 사회에 대한 것들은 아무리 나이가 들어도 생각해볼 가치가 있다. 특히 네 나이에는 좀처럼 얻을 수 없는 지식이 아닐까 싶구나. 나는 이러한 인생의 지혜를 젊은이들에게 가르쳐주는 사람들이 많지 않은 것을 오래전부터 안타깝게 생각했단다. 다들 자신의 역할이 아니라고 생각해서였을까?

학교 선생님이나 교수들도 마찬가지다. 교과서나 자신의 전문 지식을 가르칠 뿐, 그 밖의 것은 별로 중요하게 여기지도 않고 가르치지도 않더구나. 부모들도 마찬가지다. 바쁜 생활에 얽매여서인지 무관심해서인지, 어쨌든 가르치려고 하지 않는다. 그중에는 자식이 사회에 내던져지고 나서 직접 부딪혀보는 것이 가장 좋은 공부라고 여기는 부모들도 있다. 이것은 어떤 의미에서는 옳다고 생각한다.

아들아, 세상일은 이론만으로는 모른다. 실제로 세상에 몸을 던져보지 않고서는 알 수 없기 때문이다. 그러니 젊은이들이 사회라는 미로에 발을 내딛기 전에 거기에 들어가본 경험 있는 사람들이 길잡이가 되어주는 것도 바람직하다고 생각한다.

*dear my son*

## 자신만의 행동 철학을 세워라

대체 무엇을 생각하는지 알 수 없거나 성격이 매우 어두워 보이는 사람이 있다. 당연히 칭찬받을 일이 아니다. 그들은 우선 인상 때문에라도 공연한 오해를 받기 쉽다. 또한 누구도 어떤 생각을 하는지 알 수 없는 사람에게 속마음을 털어놓지는 않을 것이다.

유능한 사람은 신중한 내면을 겉으로 드러내지 않는다. 외적으로는 누구와도 쉽게 친해지고 상냥하며 영리하게 행동한다. 그는 자기 본심은 굳게 지키면서 언뜻 개방적으로 보이게 함으로써 상대방의 경계심을 풀어버린다.

아들아, 자신을 굳게 지켜야 하는 이유는 부주의하게 아무 말이나 함부로 지껄여버리면 대부분 그 말이 어딘가에 인용되어 남들 편리한 대로 이용되기 때문이다. 따라서 상냥한 행동과 마찬가지로 신중함도 꼭 갖추어야 할 중요한 요소란다.

**dear my son**
# 건전하게 노는 법을 터득하라

놀이와 오락은 대부분의 젊은이가 한번은 부딪히는 암초와 같은 것이 아닐까 싶구나. 돛을 한껏 부풀리고 즐거움을 찾아 출범한 것은 좋았는데, 문득 정신을 차려보니 방향을 보여주는 나침반도 없을 뿐더러 키를 잡는 데 필요한 지식도 없다면? 이래서는 목적지인 참다운 즐거움에 도달할 수가 없지. 불명예스러운 상처를 입고 비틀대며 간신히 항구로 돌아오지 않을까?

어떻게 들릴지 모르지만, 나는 금욕주의자처럼 즐거움을 피하지도 않고 목회자처럼 쾌락에 빠져서는 안 된다고 설교하지도 않는다. 오히려 쾌락주의자에 가깝다고나 할까. 너에게 여러 놀이를 알려주면서 마음껏 즐기라고 권하고 싶다. 정말이다. 마음껏 놀기 바란다. 다만, 네가 잘못된 항로로 나아가지 않도록 하려는 것뿐이다.

너는 어떠한 일에서 즐거움을 찾고 있을까? 혹시 마음이 맞는 친구와 적당한 돈을 걸고 카드놀이를 하고 있을까? 유쾌하고 품위 있는 사람들과 즐겁게 식사를 하고 있을까? 함께 있는 동안 배울 것이 많은 사람들을 가까이하려고 노력하고 있을까?

아들아, 나를 친구라고 생각하고 무엇이든 스스럼없이 말해주기 바란다. 나는 너의 즐거움을 일일이 따질 마음은 털끝만큼도 없다. 오히려 인생의 길잡이로서 건전하게 노는 법을 가르쳐주고 싶을 뿐이란다.

**dear my son**

# 지혜롭고 가치 있는 놀이를 하라

젊은 사람들은 자칫하면 자신의 기호와는 상관없이 외형적 즐거움을 선택하기 쉽다. 극단적인 경우, 무절제야말로 놀이의 본질이라고 착각하는 사람도 있단다.

혹시 너도 그런지 궁금하구나. 예컨대, 술은 확실히 몸과 마음에 나쁜 영향을 끼치기는 해도 멋진 놀이라고 생각하니? 도박도 때로는 무일푼이 되고 싸움에 이르기도 하지만 재미있는 놀이의 한 가지라고 생각하니? 혹시 여자 꽁무니를 따라다니는 것도, 최악의 경우 매독에 걸려 코가 이지러지든지 건강을 해치든지 할 정도일 뿐 신세를 망칠 정도는 아니라고 생각하니?

너도 알겠지만 내가 지금 앞에서 예로 든 것들은 모두 가치 없는 놀이들이다. 그런데 그 가치 없는 놀이가 많은 젊은이의 마음을 유혹한단다. 젊은이들은 깊이 생각해보지도 않고 남들이 오락이라고 부르는 것을 그냥 받아들여버리곤 하지.

아들아, 네 나이 때는 어떤 놀이에 열중하는 것이 당연하다. 또 노는 것이 잘 어울리기도 하지. 그러나 너는 아직 젊기에 대상을 잘못

선택하거나 잘못된 방향으로 빠져들 염려가 있어. 요즘 '놀기 좋아하는 한량'이라는 말이 젊은이들에게 큰 인기더구나. 그런데 과연 그들은 자신들의 종착역이 어딘지 알면서도 악에 물들기를 바라고 무절제한 생활을 되풀이하는 걸까?

오래된 이야기지만 확실한 본보기가 있다. 한 젊은이가 몰리에르(프랑스의 희극작가) 원작의 번역극인 《타락한 방탕자》를 보러 갔단다. 주인공의 방탕한 행각에 매료된 이 젊은이는 '타락한 방탕자'가 되기로 결심했지. 친구 몇몇이 '타락한'은 그만두고 '방탕자'만으로 만족하는 것이 어떻겠냐고 설득해보았지만 아무런 소용이 없었다. 그는 의기양양하게 이렇게 말했다지.

"싫어, '방탕자'만으로는 싫어. '타락한'이 붙지 않으면 완벽하지 못하단 말야."

정말 어처구니없지만, 이것이 사실 많은 젊은이의 현실이다. 겉멋에만 사로잡혀서 스스로를 생각할 여유도 없이 무턱대고 뛰어드는 거야. 그리하여 마침내 정말로 타락해버리고 만단다.

dear my son
# 너의 즐거움을 스스로 선택하라

아들아, 부끄러움을 무릅쓰고 나의 체험담을 들려주겠다. 나 역시 내 기호와는 상관없이 '놀기 좋아하는 한량'으로 보이는 데서 가치를 발견하고자 했던 어리석은 사람이었다. 그래, 어리석기 그지없었던 나는 본래 좋아하지도 않는 술을 '놀기 좋아하는 한량'처럼 보이려고 진탕 마셔댔지. 마시고 나면 기분이 나빠지고 이튿날 숙취에 괴로워하면서도 또다시 마시기를 끊임없이 반복했단다.

도박도 마찬가지였다. 돈에 그다지 제약을 받지 않았기에 돈을 따겠다고 도박을 한 적은 한 번도 없었다. 그저 음주와 마찬가지로 도박을 신사의 필수조건이라고 생각했던 거다. 그래서 분별없이 뛰어들었지만, 딱히 내키지는 않았어. 그런데 혐오스러워하면서도 도박에 끌려다니면서 인생에서 가장 충실해야 할 30년간을 지냈다. 그 때문에 인생의 진정한 즐거움을 경험하지 못했고 말이다.

철없는 시절의 젊은이들이 흔히 저지르는 실수라고 치부해도, 내가 동경하는 인간상에 접근하겠다며 겉치장만을 하려고 했으니 얼마나 어리석은 일인지…. 새삼 부끄럽구나. 어쨌든 나는 이러한 어리석은 행위들을 모조리 중단해버렸다. 떳떳하지 못하다고 여겼기 때문이다. 그리고 공포마저 느꼈지.

젊은이들이 흔히 빠져드는 일종의 유행병에 걸려 형식적인 놀이에 발을 들였던 나는 그 대가로 삶의 진정한 즐거움을 놓치고 말았다. 재산도 많이 잃고 건강도 해쳤지. 하지만 이 모두가 하늘이 내린 벌이라고 생각하고 겸허히 뉘우치고 있단다.

아들아, 아비의 어리석은 체험담에서 너는 무엇을 배웠느냐? 나는 진심으로 네가 너 자신의 즐거움을 스스로 선택하기를 바란다. 무작정 놀이에 빠져들어서는 안 돼. 다른 사람들이 모두 그렇게 한다고 해서 너까지 그리할 필요는 없다.

'나는 어디까지나 나'라고 생각해야 한다. 지금 네가 즐기고 있는 놀이가 어떤 것들인지 한번 생각해보렴. 그리고 그것들을 그대로 계속하면 어떻게 될지, 하나하나 다시 검토해보기 바란다. 그러고 나서 그 놀이를 계속할지 중단할지, 너의 현명한 판단에 맡기마.

dear my son
## 진정한 놀이를 판단하는 분별력을 길러라

아들아, 스무 살이라면 다른 사람을 너무 의식하면서 살아갈 필요는 없다. 일부러 자기 방식을 강요하거나 상대를 비난해서 빈축을 살 필요도 없다. 남들은 그들 마음대로 하라고 내버려두면 된다. 그러나 자신의 건강만큼은 철저하게 컨트롤해야 한단다.

만약 내가 네 나이로 다시 인생을 살 수 있다면 어떤 일을 할까? '즐거워 보이는 일'이 아니라 '정말로 즐거운 일'만을 하겠다. 그중에는 친구와 식사를 하거나 와인을 마시는 일도 포함된다. 물론 과식이나 과음으로 괴로움을 당하지 않을 만큼 최대한 절제해야겠지.

도박도 할 거야. 고통을 받기 위해서가 아니라 즐기기 위해서 말이다. 몇 푼 안 되는 돈을 걸고 여러 부류의 친구들과 즐기는 거야. 그렇게 환경에 잘 적응하는 것이지. 단, 내기에 거는 돈만큼은 신중해야 한다. 이기든 지든 생활에 지장이 없을 정도로, 생활비를 약간 절약할 정도로 끝나는 범위 안에서 하는 거야. 물론 도박판에서 이성을 잃고 싸움질하는 따위는 절대 금물이다.

독서에도 시간을 할애하자. 분별 있는 교양인과의 대화를 위해 시간을 써야지. 그 상대는 가능한 한 나보다 훌륭한 사람이 좋겠지.

아들아, 일반 사교계의 사람들과도 남녀를 가리지 않고 자주 어울려보렴. 대화의 내용은 그다지 유익하지 않을 수도 있겠지만 함께하면 순수한 기분이 들고 힘도 솟는단다. 게다가 사람을 대하는 태도 등 보고 배울 점도 많을 테고.

내가 네 나이가 되어 다시 인생을 시작할 수만 있다면, 나는 앞에서 말한 것처럼 즐기고 싶다. 모두가 다 분별 있다고 생각하지 않니? 이것들이야말로 진정한 놀이라고 할 수 있겠지?

진정한 즐거움을 아는 사람은 유혹에 빠져 자신을 망치는 일이 결코 없다. 어리석은 사람만이 유흥을 진정한 즐거움이라고 믿지. 양식 있는 사람 중에 술에 취하여 걸음도 제대로 못 걷는 사람과 친구가 되려는 사람이 있을까? 감당 못 할 큰돈을 내기에 걸고는 진 뒤에 머리털을 쥐어뜯으면서 상대에게 욕설을 퍼붓는 사람을 상대하고 싶어 할까? 방탕한 생활 끝에 성병에 걸려 코가 반쯤 떨어져나가고, 다리를 질질 끌고 다니는 사람과 친하게 지내고 싶어 할까?

있을 리가 없지. 방탕하고 정신을 잃은 채 그것을 자랑하는 따위의 사람들을 양식 있는 사람들이 받아들일 리 없으니까. 혹시 받아들인다면 마지못해서일 것이다.

아들아, 진정한 놀이를 알고 있는 사람은 품위를 잃지 않는다. 그들은 적어도 방탕하게 지내거나 나쁜 짓을 따라 하지는 않는다. 만일 불행히도 부도덕한 행위를 해야 할 경우라도 절대로 남들이 모르게 할 것이다. 그들은 결코 방탕함을 뽐내 보이려 들지 않을 것이다.

**dear my son**

## 사물을 판단하는 기준을 세워라

  아들아, 이 편지가 도착할 즈음이면 너는 라이프치히에 있겠구나. 드레스덴에서 궁정 사회에 첫발을 내디뎠을 때 너는 어떤 인상을 받았을지 궁금하구나.

  궁정이 마음에 들었다면 명심할 것이 있다. 바로 공부해서 지식을 쌓아나가는 것이 사람들에게 인정받는 가장 가까운 지름길이라는 점이다. 지식도 없고 덕도 없는 궁정인이란 한마디로 꼴불견이란다. 불쌍하기 그지없지. 반면, 지식과 덕이 있고 기품과 겸손한 태도를 몸에 지닌 사람들은 얼마나 훌륭하더냐. 너도 그러한 사람이 되려고 하면 좋겠구나.

  흔히 궁정을 '거짓말과 위선의 집단' 혹은 '겉과 속이 전혀 다른 세계'라고 말하는데, 과연 그럴까? 난 그렇게만 생각하지는 않는다. 애초에 '일반론'이라는 것이 옳았던 예는 드물다. 어쩌면 궁정은 거짓말과 위선의 집단이며 겉과 속이 완전히 다를 수도 있다. 그러나 그것이 꼭 궁정에만 국한된 이야기일까? 이 세상에 그렇지 않은 곳이 있다면 나도 알고 싶구나.

농부들이 모여 사는 농촌 역시 궁정 사회와 비슷하다. 다른 점이라면 행동이 다소 거칠다는 정도겠지. 서로 이웃한 밭을 경작하는 농부는 어떻게 하면 이웃보다 농산물을 많이 생산하고 팔아 이익을 볼까, 하며 이 방법 저 방법을 궁리하고 실천에 옮길 것이다. 어쩌면 대지주의 마음에 들기 위해 필사적으로 작전을 세울지도 모른다. 마치 궁정 사람들이 왕의 비위를 맞추려는 것처럼 말이다.

시인들이 아무리 시골 사람들의 순박함과 순수함을 찬양하고 궁정인들의 거짓을 노래해봤자, 또한 단순하고 어리석은 사람들이 아무리 그것을 믿는다 한들, 진실은 변하지 않는단다. 양을 치는 목자나 궁정인이나 똑같은 인간이다. 마음에 느끼는 것, 생각하는 것에는 다를 바가 없다. 다만 그 방식이 조금 다를 뿐이야.

아들아, 라이프치히에 도착한 만큼 너는 현명하게도 축제 기분은 드레스덴에 떨쳐버리고 공부에 열중하고 있으리라 믿는다.

dear my son
# 일반론을 내세우지 마라

아들아, 일반론을 주장하거나 믿거나 옳다고 인정하는 일에는 신중하기 바란다. 대체로 일반론을 주장하는 이들은 자만심이 강하며 교활하고 빈틈이 없다.

정말 현명한 사람은 그런 것을 내세울 필요가 없다. 간혹 교활한 사람이 일반론을 내세우는 것을 보면, 그런 데 의지하지 않을 수 없을 정도로 지식이 빈약한가 싶어 불쌍할 뿐이다.

세상에는 국가나 직업 등에 대해서 갖가지 일반론이 활개를 치고 있다. 그중에는 잘못된 것도 있고 올바른 것도 있지. 그러나 대개 자신의 견해를 갖지 못한 사람이 '일반론'이라는 낡은 장식품을 몸에 걸친 채 다른 사람의 이목을 끌려고 한다.

나는 그들이 남의 웃음을 끌어내려고 일반론을 내세우면 일부러 위엄 있는 얼굴로 "그렇습니까? 그래서요?" 하며, 당연히 할 말을 하는 것 아니냐는 태도를 취한다. 그러면 자신감 없고 농담 같은 일반론 말고는 아무런 근거를 갖추지 못한 상대는 그다음 말을 잇지 못하고 우물쭈물한다.

아들아, 확고한 견해를 가진 사람은 굳이 일반론 따위에 의존하지 않고도 말하고 싶은 바를 명확히 할 수 있다. 시시한 일반론을 염두에 두거나 내세우지 않아도 충분히 즐겁고 유익한 화제를 제공할 수 있다. 즉, 상대방을 빈정대거나 일반론을 증거로 내세우지 않고도, 또한 상대편을 따분하게 만드는 일 없이도 기지에 찬 이야기를 할 수 있단다.

dear my son
# 분별력 있는 사고방식을 키워라

 아들아, 너는 이제 사물을 차분히 생각할 수 있는 나이가 되었구나. 네 또래가 하기엔 쉽지 않을 수도 있겠지만, 너는 부디 사물에 대하여 깊이 생각하는 습관을 익히기 바란다.

 너를 위해 기꺼이 부끄러움을 무릅쓰고 고백하자면, 열예닐곱 살까지도 나는 내 관점의 방식을 정하지 못했다. 이후 조금은 나아졌지만, 생각한 바를 유용하게 적용하지는 못했다. 책의 내용을 이해하지도 못한 채 그저 그대로 받아들였고, 교제하던 사람들이 말하는 것은 그 옳고 그름을 판단하지 않고 냉큼 수용했다.

 시간과 노력을 기울여서 진실을 추구하기보다는, 설령 틀리더라도 편한 것이 좋다는 마음이었지. 따로 시간을 들여 생각하기를 귀찮아했고, 놀기에 바빴다. 그리고 상류 사회의 독특한 사고방식에 대해 다소 반항심도 있었지. 그랬기에 분별력을 갖추기는커녕, 정신을 차리고 보니 나도 모르는 사이에 지독한 편견에 사로잡혀가고 있더구나. 스스로 깨달을 새도 없이, 진리를 추구하려는 자세 대신 잘못된 사고방식을 따르고 있었던 거야.

아들아, 그런데 일단 스스로 세상을 보는 눈을 기르고 뜻을 세우고 그것을 실천해보니 놀랍게도 사물을 보는 시각 자체가 달라지더구나. 정해진 틀에 맞춰 사물을 보거나 실체가 없는 곳에 힘이 있다고 착각하던 그전과 비교해보자니, 사물이 얼마나 질서정연하게 보이던지!

물론 나는 지금도 다른 사람의 사고방식에서 벗어나지 못했는지도 모른다. 오랜 세월에 걸쳐 만들어진 다른 사람의 사고방식을 물려받아 나 자신의 것으로 삼았을 수도 있겠다. 젊었을 때 받은 가르침을 그대로 옳다고 인정해 굳어버린 사고방식과 노년에 이르러 나 자신의 힘으로 길러낸 사고방식을 구별할 수 없는 경우도 있으니 말이다.

*dear my son*

# 독단과 편견에 사로잡히지 마라

소년 시절 가지게 마련인 도깨비나 유령 혹은 악몽 등에 관한 그릇된 사고방식을 제외하고, 나의 맨 처음 편견은 고전에 대한 절대주의였다. 이것은 수많은 고전을 접하고 선생님들의 수업을 받는 동안 자연스레 가지게 된 것인데, 나는 철저히 믿었단다.

두 번째 편견은, 과거 1500년 동안 세상에는 양식이나 양심 따위가 털끝만큼도 존재하지 않는다고 믿은 것이다. 양식적이고 양심적인 것은 고대 그리스로마 제국과 함께 멸망해버렸다고 생각한 것이다. 예컨대 고대 그리스 최고의 대서사시 《일리아스》, 《오디세이아》의 작가 호메로스와 로마 최대의 서사시인 베르길리우스는 고전이 된 작품을 쓴 사람이기 때문에 옳다고 생각했지. 그리고 밀턴(영국의 시인)과 타소(16세기 이탈리아 최대의 서사시인)는 현대인이기 때문에 볼 만한 작품이 없다고 생각했다.

물론 지금은 다르다. 지금은 300년 전의 사람이나 현재의 사람이나 똑같음을 잘 알고 있다. 그들 모두 평범한 인간이며, 다만 그 존재 방식이나 관습이 시대에 따라서 변할 뿐 인간의 성격 따위는 변할

리 없음을 안다. 동물이나 식물이 1500년 전 또는 300년 전과 비교해서 거의 진보하지 않은 것과 마찬가지로 사람도 1500년 전이나 300년 전에 더 똑똑하고 용감하며 현명했다고는 볼 수 없지.

나는 고전에 대해 독단적 사고를 많이 했고, 종교에 대한 편견도 상당히 강했었다. 한때는 영국 국교를 믿지 않으면 세상에서 제일 정직한 사람도 구원받지 못한다고 진심으로 믿었을 정도다. 사람의 사고나 견해는 그리 간단하게 바꿀 수 없다는 것을 몰랐으며, 나와 다른 사람의 의견이 다를 수 있으며 그것을 용납해야 한다는 것을 인정하지 못했다. 그리고 의견이 달라도 서로 진지하면 그로써 족하고 관용을 주고받아야 한다는 것도 알지 못했단다.

세 번째 편견은, 사교계에서 남의 주목을 끌려면 '언뜻 보기에 놀기 잘하는 한량'처럼 보여야 한다는 말을 그대로 내 목표로 설정해 버린 것이다. 깊이 생각해보지도 않았다. 아, 어쩌면 그 말을 부인함으로써 그것을 목표로 삼은 사람들로부터 비웃음을 사고 싶지 않다는 마음이 앞섰는지도 모른다.

그러나 지금은 그런 것이 두렵지 않단다, 이 나이에는 당연하겠지만. 그러나 아무리 유식한 사람이든 훌륭한 신사이든, '놀기 잘하는 한량'이라는 것은 단지 하나의 오점에 불과하다. 그들은 인정받고 싶어 하는 사람들로부터 오히려 낮은 평가를 받을 뿐이다. 그런데도 자신의 결점을 감추기는커녕 없는 결점 있어 보이려는 사람까지 생겨나니, 편견이란 얼마나 무서운 것이더냐!

dear my son
## 사물을 올바로 인식하는 습관을 길러라

아들아, 머리를 써서 사물을 올바로 인식하는 습관을 기르기 바란다. 지금의 네 사고방식을 하나하나 점검하고, 정말 너 스스로 그렇게 생각했는지, 다른 사람이 가르쳐준 대로 생각하고 있는 것은 아닌지, 편견이나 독단적인 생각은 없는지 등을 파악하는 데서부터 시작하렴. 편견이 없어지고 나면 직접 고심하여 여러 사람의 의견을 듣고, 그것이 옳은지 그른지, 만약 옳지 않다면 어디가 틀렸는지 등을 종합해서 자기 생각을 갖기 바란다.

좀 더 일찍 판단했더라면 좋았을걸, 하고 후회하는 일이 없도록 한시라도 빨리 시작하자꾸나. 물론 인간의 판단력이 언제나 옳다는 것은 아니다. 틀릴 수도 있어. 그렇지만 이리하는 것이 가장 적게 틀리는 방법임은 틀림없다.

아들아, 이 모든 것을 보충해주는 것이 책이고, 또한 사람과 교제하는 것이다. 하지만 책이든 사람과의 교제든 무턱대고 받아들여서는 안 돼. 그것들은 어디까지나 우리의 올바른 판단에 도움을 주는 보조물에 불과하니까.

살아가면서 번거롭고 귀찮은 일이 많겠지만, 특히 많은 사람이 귀찮다고 여기는 '생각'하는 작업만큼은 부디 소홀히 하지 않기 바란다.

#### dear my son
# 올바른 판단력을 길러라

장점이나 덕행에는 그와 비슷한 무게의 단점이나 부덕한 면이 있다. 자기도 모르게 생각지 못한 잘못을 저지를 수 있다는 뜻이다. 그 정도가 지나치면 관대함은 응석받이를 만들고, 절약은 인색해지게 한다. 용기는 만용을 부르고, 지나친 신중함은 옹졸한 사람이 되게 한다. 그러니 결점이 없는지를 살피고 부도덕한 행위를 하지 않도록 조심하는 것 이상으로 장점이나 덕에도 주의가 필요하다.

부도덕한 행위는 아름답지 못하다. 그것은 무의식중에 사람의 눈을 가리고 깊이 관여하려는 생각이 들지 않도록 한다. 교묘한 위장으로 부도덕함을 깨닫지 못하게도 한다.

반면, 도덕적 행위는 그 자체로 아름답다. 처음부터 마음을 빼앗기는 것은 물론, 보면 볼수록 또한 알면 알수록 빠져들게 마련이다. 그리고 얼마 안 가 자신도 도취해버린다. 이는 아름다움이 가지는 특징이기도 하다.

우리의 올바른 판단이 필요한 것은 바로 그 순간이다. 도덕적 행위를 끝까지 도덕적 행위이게 하기 위해서, 장점을 계속 장점이게 하기 위해서는 도취된 마음, 정신을 잃으려고 하는 자신을 계속 채찍질하며 버텨야 한다.

아들아, 내가 이런 말을 꺼낸 이유는 '지식이 풍부하다'는 장점이 빠지기 쉬운 함정에 대해 이야기하고 싶어서다. 지식이 풍부함에도 올바른 판단력이 없으면 '건방지다'라든지 '유식한 체한다'라는 엉뚱한 험담을 들을 수 있다. 너도 언젠가는 많은 지식을 얻게 될 테지. 그때를 대비하여 보통 사람들이 빠지기 쉬운 함정에 닿지 않도록 지금부터 주의하는 것이 현명하겠다.

dear my son
# 언제나 겸손하라

학식이 풍부한 사람은 지식에 대한 자신감 때문에 타인의 의견을 귀담아듣지 않곤 한다. 그들은 일방적으로 자신의 판단을 강요하거나 멋대로 단정한다.

그러면 어떻게 될까? 판단을 강요당한 사람들은 모욕감과 상처 입은 자존심 때문에 순순히 따르려고 하지 않는다. 화를 내며 반항한다. 더 나아가 법적 수단을 동원하기도 한다.

아들아, 지식의 양이 늘어갈수록 타인 앞에서 겸손해야 한다. 겸허해야 한다. 자신을 너무 내세워서는 안 된다. 확신하는 문제에 대해서도 항상 겸손해야 한다. 의견을 말할 때도 딱 자르듯 해서는 안 된다. 남을 설득하고 싶다면 먼저 상대방의 의견에 차분히 귀를 기울여라. 그만한 겸허함이 있어야 옳다.

만일 네가 '학자인 체하는 꼴불견'이라는 말을 듣기 싫다면, 그렇다고 또 무식하다고 욕을 먹는 것도 싫다면 지식을 자랑하지 않으면 된다. 더불어 온갖 미사여구를 곁들여 화려하게 꾸미지 말고, 오직 순수하게 내용만 전달하면 된다. 주위 사람보다 조금이라도 잘나 보이려고 들거나, 학문적 소양을 갖춘 것처럼 보이려는 고의성을 가져서도 안 된다.

지식은 회중시계처럼 은밀히 호주머니 속에 넣어두어라. 자랑하고 싶다고 굳이 호주머니 속에서 꺼내 만지작대거나 시간을 가르쳐줄 필요가 없다. 시간을 묻는 사람이 있다면 그때만 대답해주면 되는 거란다. 지식은 시간의 파수꾼이 아니란다. 누가 묻지도 않는데 굳이 시간을 알려줄 필요가 있을까?

아들아, 학문은 몸에 지니지 않으면 곤란한 쓸모 있는 장식품과 같다. 몸에 지니고 있지 않으면 당연히 큰 창피를 당하겠지. 그러니 내가 말한 것과 같은 잘못을 저질러서 다른 사람들로부터 비난받지 않도록 항상 주의를 기울이렴.

**dear my son**
# <u>서명은 알아볼 수 있도록 똑바로 해라</u>

지난번에 네가 지출한 것이라며 90파운드짜리 청구서가 왔는데, 정말 지불하고 싶지 않았다. 금액이 많아서가 아니다. 일반적으로 이런 경우에는 부모와 미리 상의하는 편지를 보내는 것이 관례인데, 너는 편지 한 장 보내지 않았더구나. 그것이 내가 지불하고 싶지 않았던 이유 중 하나이다.

그것보다 더 언짢았던 것은, 너의 서명을 도대체 찾아볼 수가 없었기 때문이다. 청구서를 가져온 사람이 가리키는 곳을 돋보기로 들여다보고서야 비로소, 청구서 맨 아래쪽 구석에 있는 네 서명을 찾을 수 있었다. 처음에는 글씨를 쓸 줄 모르는 사람이 해놓은 X표인가 싶었단다. 그런데 웬걸, 너의 서명이라니! 나는 일찍이 그렇게 작고 볼품없는 서명을 본 적이 없다.

신사 또는 적어도 비즈니스 세계에 몸을 둔 자는 언제나 똑같은 서명을 하는 것이 관례다. 그럼으로써 자신의 서명에 익숙해지고 가짜를 예방하자는 것이지. 또, 서명이란 다른 문자와는 달리 좀 크게 쓰는 것이 통례이다. 그런데 너의 서명은 다른 문자들보다 훨씬 작았고, 게다가 알아보기도 힘들었다.

  이 서명 때문에 나는 네가 이 서명을 할 때 너에게 일어났을지도 모를 갖가지 좋지 않은 상황들을 상상해보고 말았다. 정부 관료들에게 이런 서명의 편지를 보낸다면, 이것은 보통 사람의 필체가 아니니 기밀문서일지도 모른다며 암호해독 담당자에게 넘길 노릇이다. 만일 병아리를 선물하면서 그 속에 저런 필체로 쓴 사랑의 편지를 숨겨 보낸다면, 그것을 받은 여인은 그 편지를 병아리 장수가 썼다고 생각할 것이다.

  혹시 허둥대느라 그렇게 서명했다고 할 테냐? 그렇다면 어째서 허둥대고 있었는지 정말 궁금하구나.

*dear my son*

## 자신의 이름에 긍지를 가져라

아들아, 지성인은 서두르되 허둥대지 않는다. 허둥대면 일을 그르친다는 것을 알기 때문이다. 그러니 서둘러서 일을 마무리하더라도, 일을 그르치지는 않도록 계속 마음을 쓰지.

소심한 사람은 자신에게 주어진 일이 힘에 부친다는 것을 알았을 때 허둥댄다. 자신의 힘으로는 어찌해볼 도리가 없다고 생각하기 때문에 허둥대며 뛰어다니고, 골치를 썩이고, 결국 무엇이 무엇인지 모르고 혼란스러워하는 것이다. 이것저것 모두 한꺼번에 해치워버리려다가 어느 것에도 손을 대지 못하는 것이다.

분별 있는 사람은 그와 다르다. 손대야 할 일이 생기면 그 일을 완전히 끝마치는 데 필요한 시간을 미리 확보해둔다. 서둘러야 할 때도 한 가지 일을 일관성 있게 추진해서 완성한다. 즉, 서둘더라도 냉정하게 상황을 파악하고 침착함을 유지해 허둥대지 않으며, 한 가지 일을 끝맺기 전에는 다른 일을 건드리지 않는다.

아들아, 너도 할 일이 쌓여 있겠지. 너에게 시간이 부족하다는 것도 알고 있다. 하지만 일을 아무렇게나 해버리려는 심산이라면, 차라리 절반은 완벽하게 하고 나머지 절반은 손대지 않은 채로 그냥 두는 편이 훨씬 낫다. 또한 시장 바닥의 교양 없는 인간으로 오인받을 정도의 필체를 쓰는 어리석음은 저지르지 않길 바란다. 그런 품위 없는 짓을 해서 몇 초를 아꼈다 한들, 그 시간은 아무런 쓸모도 가치도 없다.

dear my son
## 강한 의지로 세상에 맞서라

아들아, 내가 처음 사교장에 데뷔해 훌륭한 사람들을 소개받았을 때의 일이 지금도 생생하구나. 케임브리지대학의 학생 티를 벗지 못했던 나는 눈앞에 있는 어른들이 눈부시고 어렵게만 여겨져 몸도 제대로 가누지 못한 채 움츠리고 있었다.

우아하게 행동하려고 마음먹었지만 인사를 나누는 것조차 딱딱하기 그지없었지. 누군가와 말을 주고받으려 해도 몸이 말을 듣지 않았다. 사람들이 귓속말로 무언가 소곤거리면 마치 나에 대한 이야기를 하는 것처럼 생각되었고, 그 자리에 있는 모든 사람이 나를 바보 취급하거나 놀리는 것처럼 보였단다. 지금 생각해보자니, 나 같은 풋내기에게 신경 쓸 사람이 있었을까 싶다.

나는 마치 감옥살이하는 죄인이라도 된 기분이었다. 만일 눈앞에 있는 사람들과 교제하여 스스로를 갈고닦으려는 강한 의지가 없었더라면, 나는 재빨리 도망치고 말았을 것이다. 하지만 나는 그 자리에서 끝까지 버텼어. 어떻게든 그 자리에 나 자신을 융화하겠다고 마음먹었기 때문이지. 그렇게 결심하고 나니 한결 마음이 편안해지더구나.

  지금은 예전처럼 어색한 행동은 하지 않는다. 누가 말을 걸어오든 건성으로 받아들이거나 더듬거리지 않게 되었단다.

dear my son
## 의욕과 끈기로 좋은 기회를 만들어라

　내가 사교장에서 곤혹스러운 표정을 짓자 사람들이 가끔 내 옆으로 와서 말을 걸곤 했다. 나는 천사가 나를 위로해주기 위해 왔다고, 나에게 용기를 북돋워주러 왔다고 생각했단다. 그러자 조금씩 용기가 솟더구나.

　나는 매우 품위 있어 보이는 부인에게 다가가 용기를 내어 말을 걸었지.

　"오늘은 날씨가 좋군요."

　그러자 부인은 아주 정중하게 "나도 그렇게 생각해요"라고 대답했단다. 그러고는 잠시 대화가 끊어졌다. 나는 대화를 이어나갈 말을 떠올릴 수가 없었지. 그때 그 부인이 다시 입을 열었다.

　"너무 긴장하실 필요 없어요. 지금도 내게 말을 거는 데 상당한 용기가 필요했던 것처럼 보이는데…. 그래도 여기 있는 사람들과의 교제를 단념해서는 안 돼요. 당신이 허물없이 어울리려고 노력하고 있다는 것을 다른 분들도 다 알고 있답니다. 그 마음이 소중한 거예요. 이제 방법만 몸에 익히면 돼요. 당신은 스스로 생각하는 것보다 사교에 서툴지 않아요. 이런 자리에 몇 번 참석하다 보면 곧 익숙해지고 매너도 훌륭해질 거예요. 음, 나에게 배우고 싶다면 내가 제자로 삼아 친구들에게 소개해줄 수 있습니다만⋯."

부인의 말에 내가 얼마나 기뻐했는지 상상할 수 있겠니? 그리고 또 내가 얼마나 어색하게 대답했을지도 그려볼 수 있겠지?

나는 두어 번 헛기침을 했단다. 그러지 않고서는 목에 무엇인가가 걸린 느낌이 들어 목소리를 낼 수가 없었으니까. 나는 간신히 입을 열었다.

"말씀 정말 감사합니다. 제가 자신감 없이 행동한 이유는 훌륭한 분들과의 교제에 익숙하지 않아서랍니다. 하지만 저의 선생님이 되어주신다면 기꺼이 받아들이겠습니다."

나의 더듬거리는 말이 미처 끝나기도 전에 그 부인은 서너 명을 부르더니 프랑스어로 이렇게 말했다(그 무렵 나는 프랑스에 머물러 있었다).

"여러분, 내가 이 젊은이의 교육을 맡았어요. 그래서 나도 이분도 무척 기쁘답니다. 이분은 틀림없이 내게 호감을 느꼈던 모양이에요. 그렇지 않았다면 내게 다가와서 떨리는 마음을 억누르면서까지 용기를 내어 '오늘은 날씨가 좋군요'라고 말을 걸지 않았을 거예요. 여러분, 좀 도와주세요. 모두 노력해서 이 젊은이가 용기를 갖도록 해줍시다. 이분에게는 본보기가 필요해요. 만일 내가 적절한 본보기가 못 된다고 생각되면 다른 분을 찾겠지요. 하지만 그렇다고 해서 오페라 가수나 여배우 같은 사람을 택해서는 안 될 거예요. 그런 사람들과 어울리면 세련되어지기는커녕 재산은 물론 건강까지도 해치며 타락할 테니까요."

뜻밖의 이야기에 그 자리에 있던 서너 명이 웃었다. 나는 무표정한 모습으로 서 있었지. 그 부인이 진심으로 말하는지 아니면 나를 놀리는지 알 수 없었기 때문이다. 나는 기쁘기도 하고 한편으로는 부끄러웠지만, 용기도 얻고 실망도 하면서 그냥 듣고 있었다.

나중에 안 일이지만, 부인과 부인이 소개해준 분들은 나를 사람들 앞에서 정말로 잘 감싸주었단다. 나는 점점 자신감을 가졌어. 우아하게 행동하는 것이 결코 부끄럽지 않았고, 본보기가 될 만한 것을 발견하면 열심히 그것을 흉내 냈다. 그리고 좀 더 자유로운 기분으로 따라 할 수 있게 되었고, 결국은 나름의 사람 사귀는 방법을 터득하게 되었지.

아들아, 너도 다른 사람들의 호감을 사는 인물이 되고 싶겠지? 사회에서 남 못잖은 일을 하고 싶겠지? 결심만 한다면 네가 하지 못할 일은 없을 것이다. 하고자 하는 의욕과 끈기만 있다면 말이야.

*dear my son*

## 인정받고자 하는 욕구를 지녀라

허영심은, 약간 부드럽게 말하자면 타인에게서 칭찬받고 싶어 하는 마음이다. 이것은 시대를 막론하고 누구나 다 가지고 있는 마음이라고 생각한다. 다른 사람들로부터 칭찬받고 싶어 하는 감정이 자기 향상으로 연결되면 얼마나 좋겠냐마는, 허영심이 잘못된 방향으로 커지면 어리석은 언동이나 범죄 행위로 이어지기도 한다. 사려 깊고 향상심이 있다면, 허영심은 우리가 소중히 여겨도 좋은 감정이지 않을까 싶다.

아들아, 타인에게 인정받고 싶거나 칭찬받고 싶다는 감정이 없다면 인간은 무슨 일에든 무관심하고 의욕을 상실하고 말 거야. 그리고 실제로 아무것도 하지 않겠지. 그러면 자신의 재능을 발휘할 수 없고 그저 실력 이하로 보이는 것에 만족할 수밖에 없다. 그러나 허영심이 강한 사람은 다르다. 자기 실력 이상으로 보이려고 온 힘을 다하지.

아들아, 나는 지금까지 너에게 무엇 하나 숨기지 않고 얘기해왔다. 앞으로도 내 결점이 너에게 드러나더라도 숨길 생각이 없단다.

사실, 나는 허영심이 많았다. 그러나 나는 이를 유감스러워한 적이 없다. 오히려 허영심이 있었기에 다행이었다고 생각한다. 사람들이 칭찬하는 나의 장점은 허영심 덕분에 향상되었다고 할 수 있단다.

dear my son
# 강한 승부욕을 가져라

내가 사회에 진출할 무렵 나의 출세욕은 정말 대단했다. 무슨 일이 있어도 사람들에게 인정받고 칭찬받으며 촉망받아야 한다는, 남달리 뜨거운 욕망을 가슴 깊이 품고 있었지. 사회에 첫발을 들인 후 그런 마음 때문에 간혹 어리석은 짓을 하기도 했지만, 그 이상으로 현명하게 굴기도 했다고 자평한다.

예컨대, 남성들만 모여 있을 때 나는 '누구보다도 뛰어나자, 적어도 거기에서 가장 뛰어난 사람과 똑같을 정도로 훌륭하게 되자'고 마음먹었다. 그 생각이 나의 잠재력을 끌어냈고 항상 '최고가 되고 싶다'는 강한 승부욕으로 무장하게 했다. 그리고 마침내 나는 모든 사람의 주목을 받는 대상, 즉 중심인물이 되었다.

일단 그렇게 되면 하는 일 모두가 옳다고 여겨지는 법이다. 내 경우도 그러했다. 나의 말과 행동이 유행하고, 모든 사람이 나의 언행을 따라 했지. 그런 흐름을 보는 일이란 참으로 즐거운 노릇이었다. 나는 어떤 모임에든 반드시 초청되었고, 모임의 분위기를 어느 정도 좌우했다. 때로는 유서 깊은 가문의 여인들과 스캔들도 일으키곤 했지. 그러다가 그 진위조차 알 수 없는 뜬소문이 진짜처럼 퍼진 적도 몇 번인가 있었단다.

아들아, 나는 남성을 대할 때는 상대편을 만족시키기 위해 프로테우스(그리스 신화에 나오는 바다의 신. 온갖 모습으로 둔갑하며 예언력이 있었다)처럼 변신하였다. 밝고 명랑한 사람들 앞에서는 누구보다도 밝은 표정으로 처신했고, 위엄 있는 사람들 앞에서는 누구보다도 엄숙하게 행동하였다. 사람들이 나에게 조금이라도 호의를 보이거나 친구로서 무언가를 도와주었을 때, 나는 결코 그냥 지나치거나 잊어버린 적이 없었다. 항상 신경을 쓰고 그 고마움을 잊지 않았다. 그럼으로써 상대방은 만족해했고, 나로서는 그들과 친해지는 계기를 만들 수 있었지. 나는 순식간에 그 지역의 명사를 비롯하여 여러 계층의 사람들과 가까운 사이가 되었단다.

때로 철학자들은 허영심을 '인간이 지닌 가장 천박한 마음'이라고 정의한다. 하지만 나는 그리 여기지 않는다. 허영심 덕분에 현재의 '나'라는 인격이 형성되었다고 본다.

아들아, 나는 너에게도 젊은 날의 나와 같은 수준의 허영심은 있었으면 좋겠다고 바란다. 허영심은 사실 인간을 출세하게 하는 하나의 계기이기도 하단다.

*dear my son*
## 고마움을 솔직하게 표현하라

지난번에 로마에서 막 귀국한 분으로부터, 너만큼 로마에서 환대받은 사람은 없다는 말을 듣고 나는 정말 기뻤단다. 아마 파리에서도 똑같은 환대를 받을 거야. 파리 사람들은 외국에서 온 사람들, 특히 예의 바르고 마음이 따뜻한 사람에게 굉장히 친절하니까.

그러나 아들아, 그러한 호의에 마냥 좋아하기만 해서는 안 된다. 그들이 네가 그들의 나라를 사랑하며, 그들의 태도나 관습을 좋게 여기고 있음을 알도록 해라. 그러면 더욱 기뻐할 것이다. 아, 너의 마음과 생각을 일부러 표현하라는 것은 아니다. 그리하는 것도 좋지만, 그런 마음은 네 행동으로도 충분히 전할 수 있단다.

파리에서 환대받으면 그 정도의 답례를 해도 좋다고 보는데, 네 생각은 어떠니? 나는 만일 낯선 아프리카에 가서 그들로부터 선의의 환대를 받았다면 상대를 가리지 않고 그만큼의 감사는 표할 것이다.

dear my son
## 어디를 가든 그 사회에 적응하라

아들아, 파리에서의 네 거처 문제는 이미 마련해두었다. 기숙사에도 즉시 입주할 수 있도록 해두었단다.

최소 6개월 동안 기숙사에서 생활할 수 있다는 것이 무슨 의미일지 생각해보렴. 파리에 도착해서 호텔에 묵자면 아무리 날씨가 나빠도 반드시 학교에 가야 한다. 그러자면 시간 낭비가 생길 테지만, 문제는 그것이 아니다.

기숙사에서 생활하면 파리 상류 사회 젊은이 약 절반과 친하게 교류할 기회가 생긴단다. 얼마 안 가서 너도 파리 사교계의 한 구성원으로 따뜻하게 받아들여질 거야. 이런 대접을 받은 영국인은 내가 아는 범위 내에서는 네가 처음이고. 게다가 거기 드는 비용은 그리 많지 않으니 내 호주머니도 부담이 없을 것이다. 그런 괜한 걱정은 하지 말아라.

아들아, 너의 프랑스어는 완벽하다고 할 만큼 능숙하다. 그러니 프랑스 사회에 적응하는 게 그리 어렵지 않을 거야. 어쩌면 너무 익숙해져서 지금까지 파리에서 생활한 우리나라 젊은이들보다 충실한 나날을 보낼지도 모르겠구나. 이보다 더 무엇을 바랄까 싶다.

  프랑스로 유학 간 영국 청년 대부분은 프랑스어를 제대로 구사하지 못한다. 그것뿐일까? 사람과 사귀는 방법마저 모른단다. 그래서 그들은 자기표현을 제대로 하지 못하고, 당연히 프랑스 사회도 이해하지 못한다. 그 결과 '겁쟁이'가 되어버리지. 겁쟁이라니! 겁이 많고 자신감이 부족하면 상대가 남성이든 여성이든 자기보다 못한 수준의 상대와 사귈 수밖에 없다.

#### dear my son
## '한번 해보자'라고 결심하고 노력하라

아들아, 무슨 일을 하든지 본인이 '할 수 없다'고 생각하면 절대 해내지 못한다. '어디 한번 해보자'라고 결심하고 노력해라. '할 수 있다'고 자신을 타이르면 어떻게든 해낼 수 있다!

너도 자주 보았을 거야, 특별히 우수하지도 않고 교양도 없지만 쾌활하고 적극적이며 끈기가 있어 두각을 나타낸 사람들 말이야. 그들은 남성에게도 여성에게도 무시당하지 않아. 어떤 어려움을 당해도 좌절하는 일이 없지. 두 번 세 번 넘어져도 다시 일어나 또 돌진한단다. 결국 자신이 세운 뜻을 끝까지 밀어붙여 관철하지. 이 얼마나 훌륭한 자세냐!

아들아, 그들의 마음가짐을 본받으렴. 너의 인격과 교양으로 밀고 나가면 훨씬 빨리 그리고 확실히 그 목표에 도달할 것이다. 너에게는 낙천적인 마음의 여유, 즉 자질이 있지 않니. 다시 일어설 수 있는 힘도 있고 말이다.

*dear my son*

## 상대와 상황에 맞는 방법을 시도하라

사회에서는 재능이 첫째 조건이다. 거기에 자기 생각을 확실하게 세우고, 그것을 다른 사람 앞에서 불필요하게 드러내지 않으며, 확고한 의지와 불굴의 끈기를 갖추면 두려울 것이 없다. 일부러 불가능한 일에 도전할 필요는 없지만, 가능한 일이라면 갖은 수단과 방법을 동원하여 도전해라. 어떻게든 길이 열릴 것이다. 한 가지 방법으로 안되면 다른 방법, 상대와 상황에 맞는 방법을 시도해라.

역사를 조금 돌이켜보면, 강력한 의지와 끈기로 마음먹은 바를 이루어낸 사람이 제법 많다는 사실을 깨달을 것이다. 예컨대 이탈리아 출신의 프랑스 추기경 마자랭과 여러 번 협상한 끝에 피레네 조약을 체결한 재상 돈 루이 드 알로가 있다. 그는 타고난 냉철함과 끈기로 협상을 유리하게 이끌어, 중요한 몇몇 문제에 대해 단 한 발도 양보하지 않고 합의에 도달했다. 마자랭은 이탈리아 사람처럼 쾌활함과 성급함으로 똘똘 뭉친 인물이었고, 돈 루이 드 알로는 스페인 사람 특유의 냉철함과 침착함, 인내력을 겸비한 인물이었다. 협상 테이블에 앉은 마자랭의 가장 큰 관심사는 파리의 숙적 콩데 공이 다시 반란을 일으키지 못하도록 저지하는 일이었다. 그래서 조약 체결을 서둘러 매듭짓고 파리로 돌아가고 싶어 했지. 자신이 파리를 비워두면 무슨 일이 일어날 수도 있었기 때문이다. 돈 루이 드 알로는 이것을 눈치채고 협상 때마다 콩데 공의 이야기를 꺼냈다. 마자랭이 마침내 협상 테이블에 앉는 일조차 거부했을 정도로 말이야. 결국 시종 일관 냉정함으로 끝까지 밀어붙인 돈 루이 드 알로는 마자랭과 프랑스 왕조의 국익에 반하는 조약을 체결하는 데 성공했다.

아들아, 중요한 것은 불가능과 가능을 분별하는 능력이다. 단순히 어렵기만 한 일이라면 그것을 관철하려는 정신력과 인내력으로 어떻게든 길을 열 수 있단다. 물론 주의력과 집중력이 필요한 것은 더 말할 필요도 없겠지.

*dear my son*
# 품위 있게 웃어라

아들아, 너무 큰 소리로 웃는 것을 삼가거라. 큰 소리로 웃는 것은 보잘것없는 데서만 기쁨을 발견하는 어리석은 자나 하는 짓이다. 기지가 풍부하거나 분별 있는 사람은 결코 타인을 바보같이 웃기지 않거니와 스스로도 우스꽝스럽게 웃지 않는다. 웃을 일이 있다면 소리 내지 않고 미소를 짓는다.

너도 결코 큰 소리로 웃는 따위의 천박한 행동은 하지 말거라. 무슨 일이 있을 때마다 껄껄대고 웃는 것은 자신이 바보임을 증명하는 것과 다름없다.

예컨대 한 친구가 의자에 앉으려고 하는데 누군가가 의자를 치워버렸다고 하자. 엉덩방아를 찧는 친구를 보고 다들 한바탕 크게 웃는다면? 이 얼마나 저속하니? 그런데도 즐거워하며 웃음을 터뜨리면, 이 얼마나 생각이 모자라는 사람들이더냐? 천하고 못된 장난, 시시한 우발사고에 폭소하는 것 말고는 마음이 풍요로워지고 표정이 밝아지는 즐거움을 모르냐고 묻고 싶구나. 게다가 그렇게 큰 소리로 웃는 것은 귀에 거슬릴 뿐더러 보기에도 흉하다.

바보스러운 웃음은 약간의 노력만으로도 참을 수 있다. 그것을 참지 못하는 이유는, 웃음이란 명랑하고 즐겁고 좋은 것이라는 고정관념 때문이다. 그래서 그것이 아주 어리석은 짓임을 깨닫지 못하는 것이다.

*dear my son*

## 보기에 좋지 않은 행동을 삼가라

　말을 하면서 헤프게 웃는 버릇을 가진 사람이 있다. 월러 씨도 그렇다. 그는 인격적으로 아주 훌륭하지만, 딱하게도 웃지 않으면 이야기를 하지 못한다. 그를 잘 모르는 사람은 이러한 버릇을 접하곤 처음에는 약간 머리가 이상한가 보다고 생각하는데, 그러한 평가를 받아도 어쩔 수 없다.

　이밖에도 좋지 않은 인상을 주는 버릇이 많이 있다. 처음 사회에 진출했을 무렵, 어떻게 처신해야 할지 몰라서 혹은 지루한 시간을 달래려고 어색한 동작이나 이상한 표정을 짓는 등 무심코 하는 행동들이 있는데 그것들이 어느새 버릇으로 굳어버린다. 지금도 어떤 사람들은 코에 손을 대거나 머리를 긁적이거나 모자를 만지작거리거나 하더구나.

　왠지 낯을 가리고 침착성 없는 사람은 대개 그런 버릇이 있게 마련이다. 세상에는 그런 사람이 의외로 많은데 이것은 꼭 고쳐야 할 부분이다. 나쁜 짓은 아니지만, 보기에 좋지 않은 행동이니 될 수 있는 한 자제하는 게 좋다.

**dear my son**
## 조직의 리더를 따르라

어느 집단에든 그 집단의 언어나 옷차림, 취미나 교양 등을 좌우하는 인물이 있다. 그들은 대개 외모와 기지, 옷차림, 그 밖의 모든 면에 뛰어난 사람일 것이다.

그들이 집단 전체를 이끌 만한 인물인지는, 그날의 모임을 열광시켰는지보다 좀 더 근본적인 차원에서의 결정적 요소가 보여야 한다. 모든 사람의 눈이 그들에게 집중되는 것은 자연스런 일이다. 또 그들은 일종의 위압감도 갖추었다.

만일 그들을 따르지 않으면 어떻게 될까? 당장 추방된다. 어떠한 재치나 예절이든, 취미나 옷차림이든 그 자리에서 당장 거절 당한다. 따라서 그들에 대해서는 따로 따져볼 것 없이 따르는 게 좋다. 약간의 아부도 좋다. 그리하면 강력한 추천장을 받은 것처럼, 그 집단뿐만 아니라 가까운 이웃 집단에까지 자유로이 출입할 수 있는 통행증을 손에 넣는 셈이다.

**dear my son**

# 항상 상대방을 배려하라

아들아, 다른 사람을 화나게 하기보다 기쁘게 해주고 싶고, 비난보다 칭찬받고 싶고, 미움보다 사랑을 받고 싶다면 언제나 상대방에 대한 배려를 잊지 말아야 한다.

배려는 상대를 유심히 관찰하는 것으로 가능하다. 즉, 사람들이 제각기 가지고 있는 대수롭지 않은 버릇이라든지 취미, 호불호를 파악하여 좋아하는 것을 그의 눈앞에 내놓고 싫어하는 것을 감추는 것이다. 예컨대 '당신이 좋아하는 술을 마련해놓았습니다'라는 말로 족하다. 혹은 '그분을 그다지 좋아하시는 것 같지 않아서 오늘은 초대하지 않았습니다'라고 말하면 된다. 그러한 자연스러운 배려가 상대방의 마음을 열게 하고, 자기를 이렇게까지 신경 써주는가 싶어 감격하게 만든다.

반대로, 상대가 싫어하는 것을 알면서도 부주의로 그것을 내놓거나 한다면 결과는 명백하다. 상대방은 무시당했다고 오해하여 기분 상해하거나, 푸대접받았다는 생각에 좋지 않은 감정을 오래도록 품을 것이다.

아주 사소한 것이라도 좋다. 아니, 사소하면 사소할수록 상대방은 특별한 배려를 느낀다. 오히려 큰 배려를 받은 것보다 감격하게 마련이다.

아들아, 아주 사소한 배려가 기뻤던 순간을 떠올려보렴. 그로써 인간적 허영심이 얼마만큼 만족되었는지를 생각해보렴. 오직 그 사소한 배려로 이후 그에게 호의를 갖게 되고, 그가 하는 모든 행위를 호의적으로 받아들이게 되지 않았더냐? 인간이란 그런 것이다.

*dear my son*

# 상대방이 칭찬받고 싶어하는 부분을 공략하라

특정한 사람에게서 호감을 얻고 싶고 그와 친구가 되고자 한다면, 먼저 그 사람의 장점과 단점을 찾아내라. 그후 그 사람이 칭찬받기를 원하는 부분을 언급하라.

사람에게는 실제로 우수한 면과 우수하다고 인정받고 싶은 면이 있다. 우수한 부분을 칭찬받는 것은 기쁘지만, 그 이상으로 기쁜 것은 우수하다고 인정받고 싶은 것을 칭찬받는 일이다. 이보다 더 자존심을 만족시켜주는 것은 없다고 해도 좋다.

예컨대, 당시의 정치가로서(아니, 어쩌면 지금까지의 정치가 중에서라고 해도 좋겠다) 뛰어난 재능을 가졌던 추기경 리슐리외의 경우를 보자.

그는 정치가라는 명성보다는 뛰어난 시인으로서 인정받고 싶어 했다. 그는 이 쓸데없는 허영심 때문에 위대한 극작가 코르네유(프랑스의 극작가이자 시인)의 명성을 질투하여 다른 평론가에게 억지로 〈르 시드〉의 비평을 쓰게 했다. 이를 지켜본 아첨꾼들은 리슐리외의 정치 수완에 대해서는 거의 언급하지 않거나 극히 형식적으로만 언급하고는, 오로지 시인으로서의 재능을 극구 칭찬했다.

그들은 알고 있었다. 그리하는 것이 리슐리외가 자신들에게 호의를 갖게 하는 최고의 명약임을 말이다. 리슐리외는 정치 수완에는 자신 있었지만 시인적 재능에는 자신이 없었던 것이다.

누구나 타인으로부터 칭찬받고 싶어 하는 부분이 있다. 유심히 관찰해 그것을 찾아내라. 상대방이 즐겨 화제로 삼는 것을 주의해서 살피면 좋다. 사람들은 대개 자기가 칭찬받고 싶은 것, 뛰어나다고 인정받고 싶은 것을 가장 많이 화제에 올리는 법이니까. 그곳이 급소다. 그곳을 찔러 상대방을 공략하여라.

*dear my son*
## 때로는 못 본 척 눈감아주어라

    아들아, 내 말을 오해하지는 말아라. 상대방이 칭찬받고 싶어 하는 부분을 공략하라는 것은 야비한 아첨으로 사람의 마음을 조종하라는 뜻이 아니다. 상대의 결점이나 나쁜 행동까지 칭찬할 필요는 없어. 또 칭찬해서도 안 되고. 아니, 오히려 그런 것은 좋지 않다고 지적해야 한다. 하지만 인간의 결점이나 천박하고 주책없는 허영심에 적당히 눈감지 않으면, 이 세상을 살아가기 힘들단다.

    누군가가 실제보다 현명하다고 인정받고 싶어 하거나 아름답게 보이고 싶어 하는 일이 다른 사람에게 해가 되지는 않는다. 어쩌면 순진한 노릇이다. 그들에게 그런 생각을 하는 것은 잘못이라고 말해보았자 소용없다. 그런 말로 불쾌감을 주느니 차라리 다소의 공치사로 그들을 기분 좋게 해주어 가까이 지내는 편이 낫다.

    상대방에게 장점이 있으면 너도 기분 좋게 찬사를 보낼 수 있을 것이다. 하지만 너로서는 그다지 찬성할 수 없더라도 사회에서 인정하는 수준이라면, 눈감고 받아들이는 편이 나은 경우도 있단다.

*dear my son*
## 상대방의 취미를 인정하라

아들아, 너는 남을 칭찬하는 재주가 별로 없어 보이는구나. 그것은 인간이 얼마나 자신의 생각이나 취미를 인정받고 싶어 하는지, 또한 확실히 잘못된 생각이나 조그마한 결점까지도 너그럽게 봐주기를 바라는지를 아직 잘 모르기 때문이겠다. 인간은 자신의 견해뿐만 아니라 버릇이나 복장 같은 하찮은 것까지도 흠을 잡히면 불쾌해하고, 인정받으면 크게 기뻐한단다.

재미있는 이야기를 소개하마. 악명 높은 찰스 2세가 통치할 당시, 대법관을 맡고 있던 샤프츠버리 백작은 대신으로서뿐만 아니라 개인적으로도 왕의 호감을 사고 싶어 했다. 그래서 왕이 여자를 좋아한다는 사실을 알고는 자기도 첩을 두었다(실제로 그 여자를 가까이하지는 않았다더구나). 그 소문을 들은 왕은 대법관에게 그것이 사실이냐고 물었다. 그러자 샤프츠버리는 "물론이죠. 그 여자 말고도 첩은 여럿 있습니다. 생활에 변화가 있는 편이 즐거우니까요"라고 대답하였다.

며칠 후 알현식 때 왕은 멀리 서 있는 샤프츠버리를 보자 주위 사람들에게 말했다.

"모두들 믿을 수 없겠지만, 저기 있는 마음 약한 작은 사나이가 이 나라 제일의 난봉꾼이라오."

샤프츠버리가 가까이 다가가자 사람들의 웃음이 터졌다.

"지금 그대 이야기를 하고 있었소."

왕의 말에 그가 되물었다.

"예? 제 이야기라고요?"

"그렇소. 그대가 이 나라에서 제일가는 난봉꾼이라고 이야기하던 중이오. 어떻소? 내 말이 틀렸소?"

샤프츠버리는 말했다.

"아, 그 이야기요? 그것이라면 아마 제가 최고일 겁니다."

왕이 얼마나 기뻐했는지, 상상할 수 있겠니?

사람에게는 저마다 특유한 사고방식과 행동 양식, 성격과 외모가 있다. 그것들에 대해서는 최소한 이러쿵저러쿵 말하지 않는 것이 일종의 불문율이다. 따라서 다소 사실과 다르더라도, 그것이 특별히 나쁜 일이거나 자기 위신에 상처를 주는 일이 아닌 한 자진해서 응하는 것도 중요하지 않을까?

dear my son
# 우아함과 견고함을 함께 갖춰라

아들아, 토스카나 양식 건축을 알고 있지? 모든 건축 형식 중에서 가장 견고한 양식이지. 그와 동시에 가장 투박하고 멋없는 양식이야. 튼튼하다는 점에서 말하자면 대건축물의 기초나 토대에는 안성맞춤이라고 할 수 있지만, 만약 모든 건축물을 이런 식으로 세워버리면 어떻게 될까? 건물에 눈길을 주는 사람은 없을 것이다. 누구도 그 앞에서 발길을 멈추지 않을 것이며, 더욱이 안으로 들어가보려고 하지 않을 것이다. 건물의 정면이 멋없고 딱딱하니 나머지는 대충 짐작할 수 있겠지. 굳이 안으로 들어가서 마무리나 장식을 볼 생각이 들까?

그런데 토스카나 양식 토대 위에 도리스 양식이나 이오니아 양식, 코린트 양식 기둥이 늘어서 서로 아름다움을 겨루고 있다면 어떨까? 건축물에 전혀 흥미가 없더라도 무의식중에 눈을 빼앗기고, 아무 생각 없이 지나가다가 자기도 모르게 걸음을 멈출 것이다. 그리고 그 내부가 보고 싶어, 실내로 들어가겠지.

아들아, 너라고 하는 작은 건축물도 이제 그 골격이 거의 완성되어가는구나. 남은 일은 건물을 아름답게 보이도록 마무리하는 것. 그것이 너의 임무요, 또한 나의 관심사란다.

너는 온갖 우아함과 소양을 몸에 익혀야 한다. 그것들은 골조가 튼튼하지 않으면 값싼 장식에 불과하나, 골조가 단단하면 건축물을 돋보이게 한다. 물론 아무리 견고한 골조라도 장식이 없으면 매력이 반감된단다.

**dear my son**
# 자신을 돋보이게 하라

지식이나 교양은 보통 수준이지만, 인상이 좋고 말하는 솜씨에도 호감을 주는 사람이 있다. 그는 말과 행동 모두 품위 있고, 정중하고 붙임성 있으며… 등등, 말하자면 자신을 돋보이게 하는 재능이 뛰어나다. 한편, 지식이 풍부하고 판단력 또한 정확한 사람이 있다. 하지만 전자와 같은, 자신을 돋보이게 하는 재능은 결여되어 있다. 과연 누가 세상의 거친 풍파를 잘 헤치고 나아갈 수 있을까? 그렇다. 분명히 앞쪽이다. 장식품을 많이 달고 있는 인물이 자신을 꾸미지 못하는 사람을 제 마음대로 움직일 것이다.

전 인류의 4분의 3 정도에 해당하는, 별로 현명하다고는 할 수 없는 사람들의 마음을 사로잡는 것은 언제나 겉모습이다. 그들에게는 예의범절이나 몸가짐이나 사람을 대하는 방법이 전부이다. 내면은 당장에는 들여다보이지 않으니까.

이것은 현명한 사람도 마찬가지다. 현명한 사람 역시 눈이나 귀에 거슬리는 것, 마음을 움직이지 않는 것에 대해서는 머리로도 따르지 않는다.

**dear my son**
# 품위를 유지하라

아들아, 사람의 마음을 사로잡고 싶다면 먼저 오감에 호소하자꾸나. 눈을 즐겁게 하고, 귀를 즐겁게 하자. 그로써 이성을 꼼짝 못하게 한 뒤 마음을 빼앗는 것이다.

그런 의미에서 '처음부터 끝까지 품위를 유지하라'고 말하고 싶다. 똑같은 일이라도 품위가 느껴지는 것과 그렇지 않는 것과는 받아들이는 데서 하늘과 땅만큼 차이가 있지.

아들아, 생각해보렴. 대답하는 것이 침착하지 못하고, 옷차림도 단정치 않으며, 말도 더듬고, 작은 목소리로 단조롭게 우물쭈물하면서, 동작도 부주의한 그런 사람을 만난다면 맨 처음 어떤 인상을 받을까?

그 사람에 대해 아무것도 모르지만, 그 내면까지 상상해볼 마음의 여유도 없이 마음속에서 거부해버리지는 않을까? 어쩌면 그 사람이 굉장히 훌륭한 것을 가지고 있더라도 말이다.

그와는 반대로 말과 행동거지 모두에 신경을 쓰는 느낌을 주고 품위를 보인다면 어떨까? 내면 같은 것은 몰라도 그 사람을 본 순간 마음을 빼앗겨 호의를 갖게 되지 않을까?

무엇이 그토록 사람의 마음을 끄는지를 설명하기란 어렵다. 하지만 말로는 설명할 수 없는 무엇, 즉 사소한 동작이나 사소한 말 같은 요인들이 모여 찬란하게 빛을 발한다는 것은 말할 수 있다. 그것이 사람의 마음을 사로잡고 놓아주지 않는 것이다. 마치 모자이크가 한 조각만으로는 아름답지 않지만, 모이면 하나의 무늬가 되어 아름다움을 뽐내는 것과 비슷하다.

산뜻한 옷차림, 부드러운 태도, 절도 있는 대응, 듣기 좋은 목소리, 구김살 없는 표정, 상대방의 비위를 맞추면서도 분명하게 의사 표시를 하는 말솜씨… 이런 하나하나가 사람의 마음을 사로잡고 놓지 않는 작은 요소임에 틀림없다. 적어도 나는 그렇게 생각한다.

**dear my son**
# 타인의 호감을 사려고 노력하라

아들아, 내가 지금부터 말하는 것들을 몸에 익히지 못하면 아무리 풍부한 지식을 몸에 지녔더라도, 아무리 약삭빠르게 처신해도 뜻대로 일이 이루어지지 않을 것이다. 지금이야말로 바로 이 '장식'을 몸에 익힐 때다. 지금 이것을 익히지 못하면 평생 불가능할 것이다. 그러니 다른 일들은 모두 뒤로 미루고, 지금은 이 일에만 집중하렴. 튼튼한 틀과 매력적인 장식이 합쳐진다면 이보다 훌륭한 것은 없다.

내가 이런 편지를 보내 너에게 외면을 장식하라고 열심히 가르치고 있음을 안다면, 융통성 없는 획일적인 인간이나 세상을 등진 현학적 인간은 어떻게 생각할까? 아마 매우 경멸하는 표정으로 '아버지가 자식에게 주는 교훈으로 그보다 훨씬 좋은 것이 얼마든지 많을 텐데…'라고 말할 것이 틀림없다.

아마 그들의 머릿속에는 '호감을 가진다'라든지 '타인에게 호감을 준다'라는 말은 없을 것이다. 하지만 현실적으로 이런 말이 존재하지 않더냐. 그만큼 사람들이 '호감'을 화제로 삼고, 그것에 관심을 가지며, 그것을 바란다는 방증이다. 결코 무시할 사안이 아니지.

**dear my son**

# 바른 예의범절을 익혀라

나는 세상에 무례한 젊은이가 그토록 많은 이유를 종종 따져본다. 그 부모들이 예의범절을 가볍게 보는 걸까? 혹시 부모들이 그런 일에 전혀 관심이 없는 걸까? 답은 둘 중 하나겠지.

그 부모들은 기초 교육과 대학 교육, 그리고 유학에 이르기까지 교육은 시키면서도 자식들에게 무관심하거나 부주의하다고 생각한다. 각 교육 과정에서 자기 자식이 어떻게 성장하는지를 관찰하지 않고, 또는 관찰하더라도 그것을 판단하지 않은 채 그저 속절없이 세월만 보내는 걸까? 그러고는 자신을 안심시키기 위해서 이렇게 혼자 중얼거리는 거야.

"괜찮아, 다른 아이들과 마찬가지로 잘하고 있을 테니…."

그래, 다른 아이들과 마찬가지로 학교에 다니고 있는 것은 사실이지. 하지만 잘 해나가고 있다고는 볼 수 없다. 그들은 학창 시절 몸에 익힌 어린아이 같은 저속한 장난을 어른이 되어서도 그만두지 못한다. 대학에서 몸에 익힌 편협한 태도를 바꾸지 못하고, 유학 중에 몸에 익힌 거만한 태도도 고치지 못한다.

그런 점은 부모 말고는 달리 주의를 줄 사람이 없지. 부모에게서 주의를 받지 못한 젊은이들은 자신이 눈을 가리고 싶을 정도로 못난 태도를 몸에 지닌 줄도 모른 채 꼴사납고 무례한 행동을 계속한단다.

아들아, 자식의 예의범절이나 사람을 대하는 태도에 대해서 이러저러하다 말해줄 수 있는 사람은 오직 아버지뿐이라는 걸 여러 차례 강조했다. 자식이 어른이 된 후에도 마찬가지다. 아무리 친한 친구라도 아버지가 겪은 경험은 없으니, 주의를 줄 수 있을 리 만무하다.

너는 나처럼 충실하고 우호적이며 눈 밝은 감시자가 있음을 다행으로 여기렴. 내 눈을 피할 수 있는 것은 하나도 없다고 해도 좋아. 네 결점이 나타나면 그것을 재빨리 발견하여 고치도록 지시해주고, 장점을 보면 금방 박수를 보내주니 말이다. 아들아, 나는 그것이 아버지로서의 나의 의무라고 생각한단다.

dear my son
# 세상을 사는 지혜를 깨닫고 실천하라

아들아, 세상에는 세상을 살아가는 지혜 같은 것이 있단다. 다소 전략적이다만, 그것을 알고 누구보다도 먼저 실천하는 자가 사람들의 마음을 사로잡아 가장 먼저 출세한다고 본다.

젊은이들은 대개 이런 것을 싫어하지만, 내가 지금부터 이야기하는 것들은 훗날 네가 '알아두었더라면 좋았을걸' 하고 여길 것들 중 하나다.

세상을 살아가는 지혜의 근본을 꼽자면, 자신의 감정을 겉으로 드러내지 말아야 한다는 것이다. 즉, 말이나 행동이나 표정에서 동요하는 마음을 드러내지 않아야 한다. 너의 동요를 상대방이 알아차렸다면 자기 조종이 능숙하고 냉정한 상대가 너를 좌지우지하기 쉽다.

이것은 직장 생활에 한정된 원칙이 아니다. 일상생활에서도 자기도 모르게 상대에게 조종당할 가능성은 얼마든지 있다. 싫은 말을 들으면 노골적으로 화를 내거나 표정을 바꾸는 사람, 좋은 소식이나 칭찬을 들으면 너무 기뻐서 표정이 풀어져버리는 사람이 있다. 이들은 교활하고 능청맞은 인간들에게 희생양이 되기 쉽다.

교활한 사람은 고의로 상대방을 화나게 하거나 기뻐하게 만들어 반응을 살피고는 비밀을 캐내려고 한다. 분수도 모르고 뽐내는 이도 마찬가지다. 다른 점이 있다면, 그들은 교활한 사람과 똑같은 짓을 하지만, 자신에게 득이 되기는커녕 그 이익이 주위 사람들에게 돌아간다는 점이다.

*dear my son*
## 성격 탓으로 돌리지 마라

아들아, 냉정하냐 그렇지 않으냐는 일종의 성격이니 사람의 힘으로 어찌할 수 없지 않냐고 의문을 가질지도 모르겠구나. 냉정하냐 아니냐는 분명 성격에서 비롯되는 경우가 많다. 그런데 무슨 일에든지 그것을 성격 탓으로 돌려 변명하는 경우가 많으니 문제다.

그런데 아들아, 마음먹고 노력한다면 성격도 조금은 개선할 수 있지 않을까? 평범한 사람은 이성보다 성격을 내세우는 습관이 있는데, 나는 노력하면 이성으로써 성격을 억제하는 습관을 몸에 익힐 수 있다고 생각한다.

만일 갑자기 감정이 솟구쳐 억제할 수 없을 지경이라면, 진정될 때까지 입을 다무는 것이 좋다. 표정도 최대한 바꾸지 말아야 한다. 평소 이 말을 마음에 새기고 있으면 틀림없이 가능한 노릇이다.

아마 무의식중에 제법 똑똑하게 들릴 만한 말이나 재치있는 말, 멋진 말 등을 하고 싶겠지. 하지만 이런 말들은 일시적인 찬사는 얻을 수 있어도 호의를 살 수는 없다. 오히려 적을 만들 뿐이란다.

그런데 누군가가 너를 빈정대는 말을 했다면 어떻게 해야 할까?

가장 좋은 방법은 그냥 못 들은 척하는 것이다. 그 말을 직접 들었다면 오히려 그들과 함께 웃고, 상대가 말한 내용을 인정하고, 재치있는 비방법이라고 칭찬해줌으로써 부드럽게 그 자리를 지나쳐버려라. 절대로 똑같은 방식으로 반격해서는 안 된다. 만약 그런 짓을 한다면, 자신이 상처 입었음을 인정하는 것과 마찬가지라 약점을 잡히는 셈이다. 그러면 모처럼의 수고가 모두 물거품이 되어버리겠지.

**dear my son**
# 속마음을 드러나지 않게 하라

협상에서 혈기 왕성한 상대를 만나면 좋은 결과를 얻을 수 있다. 상대방은 혈기가 왕성해서 오히려 사소한 일에도 마음이 흐트러지기 때문이다. 그래서 엉뚱한 말을 꺼내고, 표정을 감추지 못하지. 그런 사람과의 협상 자리에서는 슬쩍 넘겨짚는 말을 던지거나 표정을 유심히 살핌으로써 반드시 그 속셈을 알아낼 수 있다. 즉, 비즈니스에서는 상대의 속마음을 읽을 수 있느냐 없느냐가 성공의 열쇠다.

아들아, 자기감정이나 표정을 감추지 못하는 사람은 그것을 조절하는 사람에게 당하게 마련이다. 다른 모든 조건이 대등할 경우, 특히 상대가 능수능란한 수완가인 경우는 더더욱 승산이 없다.

시치미를 떼라는 뜻이냐고? 맞다. 바로 그거란다. 시치미를 떼는 것이 잘못은 아니거든. 옛부터 전해오는 격언에 '속마음을 간파당하면 상대방을 제압할 수 없다'고 하지 않더냐. 그리고 나는 더 극단적으로 말하고 싶구나. 속마음을 남에게 읽히면 어떤 일도 성취할 수 없다!

똑같이 시치미를 떼더라도 속마음을 남에게 간파당하지 않기 위한 것과 상대를 속이려고 하는 것은 차이가 있다. 나쁜 것은 후자의 경우지 전자가 아니다. 사람을 속이려는 의도로 감정을 숨기는 것은 도덕에 어긋날뿐더러 비열한 행위이다.

베이컨 경(영국의 철학자이자 정치가)도 이렇게 말했지.

"상대편을 속이는 것은 진정한 성인이 할 일이 아니다. 자기 속마음을 남이 읽지 못하도록 감정을 감추는 것은 트럼프의 패를 보여주지 않는 것과 같지만, 상대편을 속이려고 그리하는 것은 상대편의 카드를 훔쳐보는 것과 다를 바 없다."

볼링브로크(영국의 정치가이며 문필가) 경도 자신의 저서(이 책은 최대한 빨리 너에게 보낼 생각이다)에서 다음과 같이 말했다.

"남을 속이기 위해 감정을 감추는 일은 마치 단검을 휘두르는 것과 같아 바람직하지 않을 뿐더러 불법 행위이다. 단검을 사용하는 것은 어떠한 정당한 이유나 변명으로도 용인될 수 없다."

아들아, 속마음을 들키지 않도록 감정을 감추는 것은 방패를 드는 것과 마찬가지란다. 기밀을 보전한다는 것은 갑옷을 입는 것과 같은 것이야. 무슨 일을 진행할 때 어느 정도 감정을 감추지 않으면 기밀을 보전할 수 없고, 그러면 일이 제대로 되지 않을 것은 명약관화다.

이런 비유는 어떨까. 마치 귀금속에 합금을 섞어서 동전을 주조하는 기술 말이다. 합금을 조금 섞는 것은 필요한 일이지만, 너무 지나치게 섞으면(비밀주의가 지나쳐 교활함이 되고) 주화는 통화로서의 가치를 잃고 만다. 주조자의 신용이 떨어지는 것은 두말할 것도 없지.

아들아, 그러니 마음속에 아무리 감정의 폭풍이 거칠게 몰아쳐도 그것을 표정이나 말에 나타내지 않도록, 자기감정을 완전히 감출 수 있도록 노력해라. 매우 어렵고 힘든 일이지만 충분히 가능한 노릇이다. 지성을 갖춘 사람은 불가능한 일에 도전하지 않지만, 아무리 곤란하더라도 추구할 가치가 있는 일이라면 몇 배의 노력을 기울여서라도 반드시 해내는 법이란다. 너도 노력해주기 바란다.

dear my son
# 상대방의 자존심을 지켜주라

'주의환기인'까지 필요하진 않겠지만, 너는 주위 사람들에 대한 주의력이 다소 부족한 듯싶다. 주의력이 부족하다는 것은 네가 사람들을 무시하고 있다는 말이나 다름없다. 여러 번 강조했지만 세상에는 무시해도 좋을 만큼 쓸모없는 인간은 없다.

물론 이 세상에는 여러 부류의 사람이 있다. 그중에는 어리석은 이들도 있고 똑똑하지 못한 이들도 있을 것이다. 나는 그런 사람들을 존경하라고 말하는 게 아니다. 그 사람들을 무시해서는 안 된다는 말이다. 그들을 노골적으로 무시하면 오히려 본인의 신세를 망칠 수도 있다. 상대방을 마음속으로 싫어하는 것은 자유지만 그런 마음을 굳이 밖으로 보일 필요는 없다는 말이다.

아들아, 혹시 그것을 비굴한 처신이라고 생각하니? 아니, 오히려 때로는 필요하면서도 현명한 태도란다. 왜냐하면 그들이 언젠가는 너에게 힘이 되어줄지도 모르기 때문이지.

네가 곤경에 처했을 경우, 네가 단 한 번이라도 그 사람을 무시한 일이 있었다면 상대방은 너에게 힘이 되어주지 않을 것이다. 나쁜 짓은 용서받을 수 있지만, 모욕은 용서받을 수 없다. 사람에게는 저마다 자존심이 있고, 무시당한 일을 두고두고 기억하게 마련이니까.

아들아, 무시당한다는 것은 때로 자신이 저지른 죄 이상으로 숨기고 싶은 약점이나 결점을 노골적으로 건드리는 일로 연결된단다. 이것은 너무 괴로운 일이야. 실제로 자신의 실수를 친구들에게 고백하는 사람은 많지만, 아무리 친한 사이라도 자신의 약점이나 결점을 털어놓는 경우는 거의 없거든.

그와 마찬가지로 친구들이 너의 잘못을 지적하기는 해도 너의 약점을 노골적으로 건드리지는 않을 것이다. 왜냐하면 자기 스스로 고백을 하든 다른 사람에게 지적을 받든 둘 다 자존심에 깊은 상처가 된다는 점을 알고 있기 때문이란다.

누구라도 약간의 모욕을 당하면 그것에 분개할 만큼의 자존심은 가지고 있다. 따라서 평생의 적을 만들고 싶지 않거든 아무리 모욕을 받아 마땅한 인간이라 여기더라도 결코 그것을 겉으로 드러내서는 안 된다.

dear my son
## 오만함을 버려라

네가 보낸 8일자 소인이 찍힌 편지를 받았다. 네가 로마 가톨릭 교회에 대해 꾸며낸 어리석은 이야기를 듣고, 또 그것을 맹신하는 신도들을 보고 놀랐던 심정은 충분히 이해한다. 하지만 비록 잘못된 믿음이라도 본인들 자신이 진심으로 그렇게 믿고 있는 이상 결코 비웃거나 탓해서는 안 된다.

사물에 대한 분별력이 흐려져서 바르게 보지 못하는 사람은 불쌍하기 짝이 없다. 그러나 그들이 비웃음거리가 될 만한 일이나 책망받을 만한 일을 해서 그리된 것은 아니란다. 그러니 상냥한 마음으로, 가능하다면 진지한 대화를 통해 올바른 길로 인도해주려는 마음가짐을 갖고 대하는 것이 우선 필요하겠구나. 결코 그들을 비웃거나 책망하지는 말아라.

아들아, 사람은 저마다 자신의 판단에 따라 행동하는 법이다. 또 그렇게 하는 것이 바람직하다. 그런데 무엇에 대해서든 자신과 의견이 완전히 똑같아야 한다는 생각은 상대의 체격이나 키가 자신과 똑같아야 한다는 생각과 마찬가지의 오만함이다. 사람은 저마다 자기가 옳다고 믿으며 살아간단다. 그런데 정말로 누가 옳은지를 알고 있는 이는 하느님밖에 없어.

 그러니 상대방의 생각과 자신의 뜻이 다르다고 무시한다면 얼마나 우스운 일이겠니! 자기와 믿음이 다르다고 해서 이교도 취급을 하며 박해하는 것 또한 우스꽝스럽다. 사람은 자신이 생각하는 것밖에 생각할 수 없으며, 믿는 것밖에 믿을 수 없는 동물이야. 비난받아야 할 사람은 일부러 거짓말을 하거나 이야기를 날조한 사람이지 그것을 믿는 사람이 아니란다.

**dear my son**

## 거짓말하지 마라

아들아, 거짓말만큼 야비하고 어리석은 것은 세상에 없다. 거짓은 적대심이나 비겁함, 허영심에서 비롯된다. 그러니 어떤 경우에도 목적을 달성할 확률은 희박하다. 아무리 교묘하게 숨겼더라도 거짓말은 언젠가 탄로나게 마련이다.

예컨대 누군가의 행운이나 인덕을 시샘하여 거짓말을 했다고 하자. 분명히 얼마 동안은 상대에게 상처를 입힐 수 있을 것이다. 하지만 결국 가장 괴로운 사람은 자기 자신이다. 왜냐하면 거짓말이 들통났을 때 가장 큰 상처를 입는 것은 바로 자기 자신이기 때문이다. 대개는 그 거짓말이 탄로 나기에, 그런 일이 있은 후 상대에 대하여 호의적이지 않은 말이라도 하자면, 상대는 제아무리 그 말이 사실이라도 험담이라고 여길 것이다. 그렇다면 이보다 더 큰 손해가 또 어디 있을까?

**dear my son**

## 떳떳하게 살아가라

아들아, 자신의 말과 행동을 변명하거나 명예가 손상되고 창피를 당할까 두려워서 거짓말 혹은 변명을 하는 것은 매우 어리석은 행동이란다. 왜냐하면 머잖아 그 거짓말과 그 원인이었던 불안으로 오히려 명예를 더럽히는 창피를 당할 것이기 때문이다. 그 사람은 자기가 인간 중에서 가장 저급하고 야비하다고 스스로 증명한 것이나 다를 바 없다. 주위 사람들이 그런 눈총을 보내도 어쩔 수 없다.

아들아, 만약 불행하게도 어떤 잘못을 저질렀다면 거짓말을 해서 그것을 모면하려 하기보다는 솔직하게 시인해버리는 편이 더 떳떳하다. 그것이 속죄하는 방법이요, 상대방에게 용서를 구하는 유일한 방법이야.

잘못이나 무례함을 숨기려고 변명한다거나 얼버무리고 또는 속이는 따위의 행위는 하지 말아라. 변명은 오히려 자신이 무엇을 두려워하는지를 주위에 자연스레 알려지게 한다. 그러니 더더욱 성공은 드물며 또 성공하지 못하는 것이 당연하다.

아들아, 양심이나 명예에 상처를 입지 않고 멋지게 살고 싶거든 남에게 거짓말을 하거나 속이지 말고 떳떳하게 살아라. 이 말을 생명이 다할 때까지 머릿속에 새겨두어라. 그렇게 사는 것이야말로 사람의 의무이며 자기의 이익이 된단다.

이미 너도 깨달았겠지만, 어리석은 인간일수록 거짓말을 곧잘 하는 법이다. 나도 그 사람이 어느 정도로 거짓말을 하는가로 그의 인격 수양과 지능을 가늠하고 있단다.

dear my son
# 쓸데없는 곳에 돈과 시간을 낭비하지 마라

아들아, 너도 서서히 어른이 되어가는구나. 이참에 네가 쓸 돈의 씀씀이와 내가 앞으로 너에게 어떻게 돈을 보낼 계획인지를 설명해 주겠다. 그러면 너도 계획을 세우기가 쉽겠지.

나는 공부에 필요한 비용이나 사람과 교제하는 데 필요한 돈은 아끼지 않는다. 공부에 필요한 비용이란, 필요한 책을 사는 돈과 훌륭한 선생님에게 배우는 데 드는 돈을 말한다. 여기에는 여행지에서 만난 훌륭한 사람들과 사귀는 데 필요한 비용, 예컨대 숙박비, 교통비, 의류비, 고용인비 등이 포함된다.

사람들과의 교제에 필요한 돈은, '지적' 교제에 필요한 경비를 뜻한다. 예컨대 불쌍한 사람들을 위한 자선 비용이 해당할 것이다. 이런 명목으로 사기가 빈번하니 주의를 기울여야 한다. 신세를 진 분들에 대한 답례나 앞으로 신세를 져야 할 분에게 드릴 선물 비용도 그렇다. 교제 상대에 따르는 비용도 있겠구나. 관람비라든지 놀이 비용, 또는 사격 등의 게임에 드는 비용, 그밖에 돌발적인 사태에 드는 비용들 말이다.

그러나 내가 절대로 용납하지 않는 돈은 쓸데없는 싸움 때문에 필요한 돈과 빈둥대며 시간을 보내느라 허비되는 돈이다. 현명한 사람은 자신의 명예를 손상하거나 자기에게 도움 되지 않는 돈은 결코 쓰지 않는다. 그러한 돈을 쓰는 것은 정말 어리석다.

지혜로운 사람은 돈도 시간과 마찬가지로 헛되게 쓰지 않는다. 단돈 10원도, 단 1분의 시간도 헛되이 사용하지 않는다. 자신이나 다른 사람을 위해 도움이 되는 것, 지적인 기쁨을 얻을 수 있는 것에 돈을 쓴다.

그런데 어리석은 사람은 필요하지 않은 곳에 돈을 쓰면서 정작 필요할 때는 돈을 쓰지 않는다. 예컨대 가게 앞에 진열된 잡동사니에 시선을 빼앗기는 것이다. 어리석은 자는 장식용 담뱃갑이나 시계, 지팡이 손잡이 같은 시시한 물건들의 마력에 사로잡혀 결국 파멸의 길을 걷는다. 그것을 가게 주인이나 점원은 잘 알고 있기에 서로 짜고 어리석은 자를 속이려고 든다. 정신을 차렸을 땐 이미 자기 주위가 온통 잡동사니투성이지. 정말로 필요한 것, 마음의 평안을 주는 것은 아무것도 없이 말이다.

dear my son
# 현명한 금전 철학을 익혀라

돈이 많고 적음에 관계없이 자기 나름의 확고한 금전 철학을 가져야 한다. 세심하게 주의를 기울이지 않으면 아무리 돈이 많아도 최소한의 생필품조차 살 수 없는 형편에 놓이고 만다. 반대로 비록 아주 적은 돈밖에 없더라도 자신의 금전 철학에 맞추어 주의해서 사용하면 최소한의 것은 충족된다.

그럼 돈의 지불 방법을 한번 보자꾸나. 물건을 살 때는 최대한 현금으로 지불하는 것이 좋다. 그것도 고용인을 통해서가 아니라 자신이 직접 지불하면 좋다. 왜냐하면 고용인은 수수료나 사례금 같은 것을 요구할 수 있잖니. 술집이나 의상실에서 어쩔 수 없이 외상을 했다면, 지불해야 할 때 매월 반드시 자기 손으로 직접 지불하는 것이 바람직하다.

물건은 꼭 필요한 것만 구매해라. 그저 값이 싸다고 사서는 안 된다. 그런 짓은 절약이 아니라 낭비다. 또한 필요도 없는데 값이 비싸다는 이유로, 즉 자존심을 만족시키려고 구매하는 것도 옳지 않다.

아들아, 네가 산 물건과 지불한 대금은 반드시 기록해두는 습관을 길러라. 돈의 출납을 파악하고 있으면 결코 파산하지 않는단다. 그렇다고 교통비라든지 오페라를 보러 가서 사용한 잔돈까지 기록할 필요는 없다. 그런 시간 낭비는 따분한 수전노의 몫일 뿐이다.

이러한 금전 철학은 단지 가계(家計)에 국한되지 않는단다. 모든 일에 대해서 적용할 수 있지만, 특히 가치 있는 것에 관심을 기울이는 것이 중요하다. 쓸데없는 것에 관심을 가질 필요는 없다.

**dear my son**
## 능력의 범위를 파악하라

현명한 사람은 대개 사물을 실물 크기로 파악하는 눈이 있다. 그런데 어리석은 사람은 마치 현미경으로 들여다보는 것처럼 무엇이든 크게 보는 눈을 가졌다. 벼룩이 코끼리로 보이는 격이다. 작은 것이 크게 보이는 것뿐이라면 괜찮지만, 큰 것이 더 확대되어 아예 보이지 않으니 문제다.

다음의 경우를 보자. 누군가는 얼마 안되는 돈으로 인색하게 굴다가 결국 싸움에 이르기도 한다. 그는 알량한 성격 때문에 자신이 남들에게 수전노라고 불린다는 것을 깨닫지 못한다. 게다가 이들은 자기 자신에게도 서슴없이 부당한 일을 행한다. 수입을 능가하는 생활을 바라는 나머지, 충분히 자기 손이 미치는 범위 안에 있는 '중요한 것'을 보지 못하는 것이다.

무슨 일에든 '분수에 맞게' 행해야 한다. 건전하고 견고한 정신을 가진 사람은 어디까지 손이 미치고 어디서부터 손이 닿지 못하는지를 안다. 그 경계선은 몹시 애매해서, 분별 있는 이가 마음을 다잡고 살피면 어떻게든 발견할 수 있지만 단단하지 못한 사람의 눈에는 웬

만해선 보이지 않는다.

　아들아, 너는 네 능력이 미치는 범위와 미치지 않는 범위를 알 만한 분별력은 있다고 보인다. 이 경계선에 항상 유의하거라. 그리고 그 위를 능숙하게 걷기 바란다. 혼자서 걸을 수 있게 되기 전까지는 하트 씨에게 궤도를 바로잡아달라고 부탁하면 된다. 진짜 줄타기를 능숙하게 하는 사람은 있어도 경계선이라는 이름의 줄타기를 능숙하게 하는 사람은 좀처럼 드물단다. 그만큼 능숙하게 하는 사람은 크게 돋보이겠지.

# chapter 3
# 인생 대화법

*dear my son*
## 타인을 헐뜯지 마라

아들아, 타인의 나쁜 소문에 귀를 기울이거나 자진해서 그것을 퍼뜨리지는 말라고 당부하고 싶구나. 타인에 대해 험담하는 순간은 즐거울지 모른다. 하지만 냉정하게 생각해보렴. 그런 짓은 아무런 득이 되지 않는단다. 남을 헐뜯으면 그 순간부터 너는 비난을 받을 뿐이다.

아들아, 다른 사람에게 싹싹하게 대하는 것은 비난받을 일이 아니다. 오히려 다른 사람과 교제하기 위해서는 절대 빼놓을 수 없는 태도이지.

예컨대 사소한 결점을 못 본 체하고, 눈에 거슬리는 말이나 행동도 눈감아준다. 또한 일정 범위 내에서는 적극적으로 듣기 좋은 말을 하는 것이다. 그것이 친절을 베푸는 일이다. 듣기 좋은 말을 하면 하는 쪽도 뿌듯하고 듣는 쪽도 기뻐한다. 그러나 듣기 좋은 말을 하지 않으면 더는 자신을 향상시키지 못한다.

*dear my son*
## 상대방의 말은 눈으로 들어라

 아들아, 대화를 나눌 때는 항상 상대방의 눈을 쳐다보아라. 그러지 않으면 무언가 양심의 가책을 받는 일이 있다는 오해를 사기 쉽다.
 말하고 있는 상대방의 눈을 똑바로 쳐다보지 않는 것은 엄청난 실례이다. 더군다나 상대방이 말을 하는데 천장을 쳐다보거나 창문 밖을 내다보거나 담뱃갑을 만지작거린다면, 상대방의 이야기가 그리 중요하지 않다고 공개적으로 표현하는 것과 다름없다. 조금이라도 자존심 있는 사람은 당연히 얼굴을 찌푸리고 화를 내며 증오할 것이다. 여러 차례 말했듯이, 이러한 취급을 받고 자존심 상하지 않을 사람은 없다.
 상대방의 눈을 보지 않는 행동은 자신의 인상을 나쁘게 하는 데 그치지 않는다. 그것은 자기 말이 상대방에게 어떻게 받아들여지는지를 관찰할 기회를 스스로 포기하는 것과 같다.
 아들아, 상대방의 마음을 읽으려면 귀보다는 눈에 의지하는 편이 낫다. 마음속으로 생각하지 않던 것을 입으로 말하기는 쉽지만, 눈에 나타내기는 무척 어려운 일이라고 생각하기 때문이다.

dear my son
## 조직 활동에서 성공하는 비결을 익혀라

　재치나 유머, 농담 등은 특정 집단에서만 통용되는 경우가 많다. 그래서 특수한 토양에서는 뿌리를 내릴 수 있지만 다른 땅에 옮겨 심으면 자라지 못하곤 하지.

　어떤 집단에든 특유의 배경이 있다. 거기서 독특한 표현 방법이나 말씨가 생겨나고, 나아가서는 특색 있는 유머나 농담이 생겨난다. 그것을 다른 토양의 집단으로 가져간들, 무미건조하고 아무 재미도 없는 게 당연하다.

　아들아, 재미없는 농담만큼 비참한 것은 없다. 모임의 흥이 깨지고, 심한 경우 무엇이 재미있는지 설명해달라는 요구도 나온다. 그럴 때의 비참한 기분을 굳이 들먹일 필요는 없겠지.

　농담뿐만이 아니다. 어떤 모임에서 들은 이야기를 다른 모임에 가서 함부로 입 밖에 내면 안 된다. 별일 아니라고 생각했던 말이 돌고 돌아서 상상 이상으로 중대한 사태를 초래할 수도 있다.

　게다가 그런 짓은 예의에 어긋난다. 딱히 규약은 없지만 어디선가 들은 이야기를 함부로 입 밖에 내지 않는다는 것은 무언의 약속과 다름없다. 그것을 어기면 여기저기서 비난을 받을 뿐만 아니라, 어디를 가든 환영받지 못한다.

*dear my son*

## 자기 의견을 갖춰라

　어느 집단에나 이른바 '호인'이 있다. 그런데 호인이라는 이유 하나만으로 그 집단에 들게 된 사람들을 자세히 살펴보면 실상은 아무 쓸모나 매력도 없으며, 자신의 의견이나 의지도 갖추지 못한 경우가 꽤 많다.

　그들은 동료들이 한 일이나 말한 것은 무엇이든 쉽게 동의하고 양보하고 칭찬한다. 동료 대부분이 우연히 동의했다는 이유만으로 아무리 잘못된 일이라도 아주 간단하게 영합해버린다. 왜 그런 어리석은 짓을 하는 걸까? 그 사람은 딱히 별다른 의견이 없기 때문이다.

　아들아, 너는 더 떳떳한 이유로 집단의 일원이 되도록 노력하길 바란다. 그러려면 자기 나름의 의지와 생각을 가져야 하며, 그것을 쉽게 바꾸지 않아야 한다. 다만 그것을 표현할 때는 예의 바르고 위트 넘치게, 그리고 최대한 품위를 갖추어야 한다. 지금 네 나이로는, 남에게 높은 위치에서 하듯 굴거나 나무라는 듯한 말을 하기는 이르니 주의하렴.

*dear my son*

## 위엄을 갖추고 중도를 지켜라

훌륭한 사람들은 어떤 위엄을 갖추었을까? 타인이 나에 대한 존경의 마음을 갖도록 하려면 어떤 종류의 위엄을 갖추어야 할까?

소란을 피우거나 시시덕거리는 것, 큰 소리로 바보처럼 웃거나 농담을 즐기거나 우스꽝스러운 행동을 하는 것, 무턱대고 들이대고는 스스로 붙임성이 좋다고 여기는 것 따위는 위엄 있는 태도가 아니다. 이런 태도로는 아무리 풍부한 지식을 갖춘 사람이라도 존경받는 일이 드물다. 오히려 사람들로부터 업신여김을 당하기 십상이다.

쾌활한 성격은 좋지만, 쾌활한 사람치고 존경받은 사람은 지금까지 없었다고 하겠다. 게다가 손윗사람에게 무턱대고 친한 척 굴면 그들을 화나게 만드는 데다 다른 이들로부터 '아첨꾼'이나 '꼭두각시'라는 험담을 듣게 마련이다. 혹시 신분이나 지위가 낮은 이에게 붙임성 있게 행동하면 상대방은 분수도 모르고 대등한 교제를 원할 것이다. 이 부당한 요구에 얼마나 곤란해질지를 생각해보렴.

농담도 마찬가지다. 실없이 농담만 해대는 사람이 어릿광대와 다를 바가 무엇일까. 이러한 농담은 대개 사람들을 감복시키는 기지와는 거리가 멀단다.

아들아, 결국 무게감 있고 중도를 아는 태도를 보여야 상대의 마음에 호감을 일으켜 동료로 받아들여진다. 상대방에게 인기만 끌려고 드는 사람은 결코 존경받지 못하고 그저 다른 사람에게 적당히 이용당할 뿐이다.

우리는 흔히 이렇게 말한다. 저 사람은 노래를 잘하니까 우리 모임에 끼워주자, 춤을 잘 추니까 무도회에 초대하자, 농담으로 분위기를 띄우고 사람들을 즐겁게 해주니까 식사에 초대하자, 혹은 저 사람은 놀이에 너무 몰입하니까 빼놓자, 술이 과하니까 부르지 말자 등등…. 이런 말은 칭찬도 아니고 호감도 아니다. 오히려 비난에 가깝다. 즉, 대상자를 의도적으로 바보 취급하는 셈이랄까. 적어도 그 대상자가 정당한 평가를 받고 있거나 존경받고 있지 않다는 것만은 확실하다.

한 가지 이유만으로 조직의 일원으로 인정받은 사람은 그 특기를 빼고 나면 존재 가치가 없다. 조직원들이 다른 면으로 눈을 돌려 옳게 평가하는 일도 없으니 아무리 장점이 있어도 그들에게 존경받지 못한다.

dear my son
## 침착한 태도를 생활화하라

위엄 있는 태도란 어떤 것일까? 위엄은 거만함과는 다르다. 아니, 오히려 서로 반대되는 편이라고 해야 맞겠다. 거만하게 뽐내는 것은 용기가 아니다. 농담이 기지가 아닌 것과 같다.

사실 오만한 태도만큼 사람의 품위를 떨어뜨리는 것은 없단다. 거만한 인간의 자만심은 분노를 낳기도 하지만, 그에 상응하는 정도로 비웃음과 멸시를 낳거든. 이것은 어떤 물건에 터무니없이 비싼 값을 붙여서 팔려고 하는 장사꾼과 흡사하지. 우리도 그런 장사꾼에게는 아예 후려치듯 흥정을 하지만 정당한 값을 부르는 장사꾼에게는 무리하게 흥정을 하지 않잖니.

위엄 있는 태도란 무턱대고 아부하거나 팔방미인처럼 행동하는 것이 아니다. 자기 의견은 겸손하지만 명백하게 말하고 다른 사람의 말은 진지하게 듣는 것, 그것이 바로 위엄 있는 태도란다.

아들아, 위엄은 스스로 부여할 수도 있어. 표정이나 동작에 진지한 분위기를 감돌게 하면 된단다. 그리고 생동감 넘치는 기지를 발휘하고 밝고 고상한 표정을 덧붙여도 좋다. 그런 것들은 존경심과 위엄을 느끼게 한단다. 이에 반해 히죽히죽 웃어 보이거나 침착성 없는 태도는 경솔한 느낌을 줄 수 있지.

위엄을 스스로 부여한다고 했지만, 항상 맞기만 하는 인간이 아무리 몸부림친들 용기 있어 보이지 않는 것처럼 악습에 젖어버린 인간은 결코 위엄 있게 보이지 않는 법이다. 물론 그러한 사람이라도 예의 바르고 당당하게 행동하면 향상의 기미는 보일 수 있겠다만.

아들아, 해주고 싶은 말은 많지만 오늘은 이쯤에서 접는다. 다른 것들은 키케로(로마의 정치가이며 웅변가)의 《입문서(Offices)》나 《예의범절 편람(The Decorum)》 등으로 잘 공부해두기 바란다. 가능하면 암기하겠다는 마음가짐을 가지렴. 그 책들에는 사람이 위엄을 갖추기 위해 어떻게 하면 좋은지가 자세히 기록되어 있단다.

dear my son
# 사람을 존중하는 마음을 가져라

아들아, 인간은 원래 완벽한 존재가 아니다. 그럼에도 불구하고 나는 네가 완벽한 모습을 갖추길 바랐고, 네가 태어난 후 지금까지 내가 너에게 품었던 소원을 실현하기 위해서 한결같이 노력해왔다. 그 어떤 수고도 마다하지 않았고 비용도 아끼지 않았다. 교육이 인간을 타고난 자질 이상의 능력을 발휘할 수 있도록 함을 알고 있기 때문이다. 그것은 너도 경험을 통해 잘 알고 있겠지?

아들아, 나는 아직 판단력이 없던 너에게 선을 사랑하고 사람을 존중하는 마음을 심어주고자 힘썼다. 너는 그것을 마치 문법을 외듯 기계적으로 몸에 익히더구나. 그리고 지금은 너 스스로의 판단으로 그렇게 하고 있지. 물론 선을 행한다거나 사람을 존중하는 것 등은 몹시 당연한 일이어서, 일반적으로 사람들이 배우지 않고도 하는 종류긴 하지만.

샤프츠버리 경은 매우 적절하게도 이렇게 말했단다.

"나는 사람들이 보기 때문에 선을 행하는 것이 아니라 나 자신을 위해 선을 행한다. 그것은 사람들이 보기 때문에 청결하게 하는 것이 아니라, 바로 나 자신을 위하여 청결하게 하는 것과 마찬가지다."

그래서 나는 너에게 판단력이 자리잡은 후로는 선을 사랑하라는 말 따위는 한 번도 하지 않았다. 그것은 당연한 일이기 때문이다.

그다음 내가 생각해둔 것은, 너에게 실질적이며 한쪽으로 치우치지 않는 교육을 베푸는 일이었다. 이것도 처음에는 나, 그다음에는 하트 씨, 그리고 최근에는 너 스스로의 힘으로 예상을 뛰어넘는 성과를 올렸다. 나의 기대에 네가 충분히 따라주었다고 할 수 있지.

마지막으로 남은 것이 바로 사람과 사귀는 방법, 즉 예의범절을 가르치는 일이다. 이것을 모르면 가까스로 몸에 익힌 것이 불완전해지고 빛을 잃어, 어떤 면에서는 헛된 일이 되어버릴 것이다. 그리고 유감스럽게도 너는 이 점이 부족하더구나. 편지를 통해 예의범절에 대해 말해보겠다.

**dear my son**

# 상대방의 눈높이에 맞추어라

  아들아, 너와 내가 잘 아는 어떤 분은 '예의란 서로 조금씩 자신을 억제하고 상대방에게 맞추려는, 분별과 양식 있는 행위'라고 설명했다. 참 멋진 말이지? 이 말에 이의를 제기하는 사람은 없을 것이다. 이 말을 뒤집어보자면, 분별과 양식을 갖추었어도(너도 그렇다) 누구나 예의 바른 것은 아니라는 뜻이다. 놀라운 반전이지.

  예의를 확실히 나타내는 방식은 사람이나 지역, 환경에 따라 큰 차이가 있다. 그것은 실제로 자신의 눈으로 보고 귀로 듣지 않으면 알 수 없는 일이다. 그러나 예의를 존중하는 마음 그 자체는 어느 시대, 어느 곳을 가든 변함이 없다. 따라서 의지가 있느냐 없느냐가 예의 바른 사람이 되느냐 못 되느냐의 열쇠다.

  예의가 특정 사회에 미치는 영향은 도덕이 사회 전반에 미치는 영향과 비슷하다. 즉, 사회를 하나로 묶고 안정성을 높인다. 비단 그뿐만이 아니다. 일반 사회에서는 도덕적 행위를 권장하기 위해서 또는 적어도 부도덕한 행위로부터 몸을 지키기 위해서 법률이 존재한다. 그와 마찬가지로 특정 사회에도 예의 바른 행위를 권장하고 무례를 훈계하기 위한 암묵적 규율이 있다.

아들아, 법률과 암묵적 규율을 동일시한다고 놀라진 말아라. 나에게 이것들은 공통적인 개념이다. 다른 사람의 소유지에 침입한 부도덕한 인간은 법으로 처벌받는다. 마찬가지로 다른 사람의 평화로운 사생활에 함부로 침입한 무례한 인간은 사회 전체의 암묵적 합의에 의해 추방당한다.

문명사회에 살고 있는 인간은 친절하게 행동하고, 상대에게 주의를 기울이고, 약간의 희생을 치른다. 이는 강요받는 것이 아니라 자연적으로 몸에 익은 일종의 암묵적 협정이라고 할 수 있다. 마치 왕이 신하를 감싸고 보호하는 대신, 신하는 충성을 바치고 복종한다는 암묵적 협정처럼 말이다. 따라서 협정을 어긴 자가 협정에서 발생하는 이익을 박탈당하는 것은 당연하다.

아들아, 예의를 잘 지킴으로써 사람들의 마음을 사로잡을 수 있단다. 나 자신도 '아테네의 장군 아리스테이데스(청렴함으로 유명했던 고대 그리스의 정치가)와 같다'는 찬사를 들으면 가장 기쁘지만, 그다음으로는 '예의 바른 사람'이라는 말을 듣는 것이 좋다. 그만큼 예의는 중요하다.

dear my son
# 언행은 부드럽게, 의지는 굳건하게 하라

아들아, 언젠가 너에게 항상 마음속에 넣어두고 행동해주기 바라는 말이 있다는 편지를 보냈는데, 기억하니? 그것은 바로 '언행은 부드럽게, 의지는 굳건하게'라는 말이다. 이 말만큼 인생의 그 어떤 경우에라도 활용할 수 있는 말은 없다고 해도 좋다.

오늘은 이 말에 대해서 나이 지긋한 설교자의 심정으로 이야기하겠다. 먼저 '언행은 부드럽게'와 '의지는 굳건하게'에 대해서 설명하고, 그다음에 이 두 가지가 하나가 되었을 때 어떠한 효과를 가져오는지, 그리고 어떻게 실천할지에 대해서 말해보마.

아들아, 사람을 대하는 언행은 부드러운데 의지가 굳세지 못하면 어떻게 될까? 그러한 사람은 단지 붙임성만 좋을 뿐, 비굴하고 마음 약한 소극적인 인간으로 전락해버린다. 반대로 의지는 굳센데 언행이 부드럽지 못한 사람은 어떨까? 그런 사람은 용맹하고 사나워서 앞뒤 따지지 않고 돌진하는 인간이 될 것이다.

사실은 양쪽 다 갖추는 것이 바람직한데, 그런 사람을 찾기란 여간 쉽지 않다. 의자가 굳센 사람 중에는 혈기 왕성한 이가 많아서, 그들은 부드러운 언행을 연약함으로 단정하여 어떤 일이든지 힘으로 밀어붙이려고 한다. 이런 사람은 상대가 내성적이고 소심한 경우 자기 뜻대로 일을 진행하지만, 그렇지 않을 경우는 상대의 분노나 반감을 사서 목적을 달성하지 못한다.

사람을 대하는 언행이 부드러운 사람 중에는 교활한 이가 많다. 그들은 부드러운 대인관계를 이용해 모든 것을 손에 넣으려고 한다. 이른바 팔방미인이랄까. 마치 자신의 의지 따위는 전혀 없는 것처럼 그 시각 그 자리에서 얼마든지 상대편에게 맞춰간다. 이런 사람은 어리석은 자는 속일 수 있어도, 그밖의 사람은 속일 수 없고 곧바로 그 본색이 드러난다.

언행의 부드러움과 의지의 굳건함을 겸비한 사람은 강압적인 사람도, 팔방미인도 아니다. 지혜롭고 현명한 사람일 뿐이다.

dear my son
# 공손하면서 강하게 명령하라

아들아, 언행을 부드럽게 하고 의지를 굳건하게 가지면, 어떤 이점이 있을까?

명령을 내리는 입장에서 공손한 태도로 명령을 내리면 그 명령은 기꺼이 받아들여진다. 기분 좋게 실천될 것이다. 그런데 무턱대고 강압적으로 명령하면 그 명령은 적당히 수행되거나 중도에 흐지부지해진다.

예컨대, 내가 부하에게 '술 한 잔 가져와!' 하고 난폭하게 명령했다고 하자. 그런 식의 명령은 그 부하가 내 옷에 술을 엎지를 사태를 각오해야 한다. 그런 일을 당하기에 마땅한 짓을 했기 때문이지.

물론 명령을 내릴 때는 '복종하기 바란다'는 냉정하고도 강한 의지를 나타내는 일도 필요하다. 그렇지만 그 명령을 부드러움으로 감싸서 상대가 쓸데없는 열등감을 느끼지 않도록, 가능한 한 기분 좋게 명령에 복종하도록 하는 배려가 필요하다. 그것은 네가 윗사람에게 어떤 것을 부탁할 때나 당연한 권리를 요구할 때도 마찬가지다. 겸손한 태도로 말하지 않으면 처음부터 네 부탁을 거절하고 싶어 한 사람에게 적당한 구실만을 제공하는 셈이다.

  물론 부드러움만으로 일이 성취되는 것은 아니다. 결코 뒤로 물러서지 않는 끈기와 품위를 잃지 않는 집요함으로, 네 의지가 얼마나 굳건한지를 보여주는 마음가짐이 중요하다.

dear my son
# 부드러운 말과 행동으로 호감을 사라

사람은 대부분 그렇지만, 특히 지위가 높은 이는 도리가 아니라는 이유로 어떤 행동을 좀처럼 하려고 들지 않는다. 그런데 보통 때라면 정의나 국가의 이익을 위해서라는 이유를 내세워 거절할 일도, 집요함에 지거나 원한을 사는 것이 두려워서 고개를 끄덕이는 경우가 많다.

따라서 말과 행동을 부드럽게 해서 상대의 마음을 사로잡아야 한다. 그렇게 하면 적어도 거절할 구실은 주지 않을 수 있다. 하지만 동시에 의지가 굳건함을 보여줌으로써 평소 같으면 들어주지 않을 만한 일이라도 귀찮으니까 혹은 원한을 사는 것이 두려우니까 싶은 생각을 갖게 하여 들어주도록 만들면 좋다.

신분이 높은 사람은 사람들의 온갖 청탁이나 불평에 익숙하다. 외과의들이 환자가 호소하는 통증에 무감한 것과 마찬가지로, 하루 종일 똑같은 하소연을 듣고 있자니 무엇이 진짜고 무엇이 가짜인지 구별조차 할 수 없게 된다. 그러므로 적당하게 대응하는 거야. 즉, 공평해야 하기에 인도적 차원의 호소는 좀처럼 들어주지 않는다. 그러니 다른 감정에 호소할 수밖에 없지 않겠니?

 예컨대 부드러운 말씨와 태도로 호감을 산다든지, 끈질기게 호소해서 굴복시키든지 혹은 품위를 유지하면서 들어주지 않으면 평생을 두고 원망하겠다는 듯 냉담한 태도를 취하여 두려움을 갖게 하는 식이 좋다.

 아들아, 진정으로 강한 의지는 바로 이런 것이다. 결코 우격다짐 하듯 밀고 나가는 것이 아니다. 부드러운 언행과 굳건한 의지를 겸비하는 것이야말로 멸시받지 않고 사랑받는 유일한 방법이다. 미움받는 일 없이 존경하게 만드는 방법이요, 슬기로운 사람들이 한결같이 몸에 익히고 싶어 하는 위엄을 갖추는 일이다.

**dear my son**

# 융통성을 잘 발휘하라

부드러운 언행과 굳건한 의지를 어떻게 실천할지 이야기해보자.

감정이 격해져서 자기도 모르게 사려 없거나 무례한 말이 튀어나올 것 같으면, 최대한 억눌러라. 언행을 더 부드럽게 하려고 노력해라. 이것은 상대의 지위 여하에 상관없다. 감정이 폭발할 듯하면 우선 진정될 때까지 입을 다물고, 표정의 변화를 다른 사람이 알아차리지 못하도록 신경을 집중해라. 표정을 간파당하는 것은 특히 비즈니스에서는 치명적이니까.

그렇다고 해서 더는 양보할 수 없는 대목에서 아양을 떨거나, 상냥하게 굴거나, 비위를 맞추는 등 나약한 모습으로 상대방에게 아첨하는 모습을 보여서는 안 된다. 오히려 일격을 가하며 집요하게 공격을 되풀이하는 것이 좋다. 그러면 손에 넣고자 했던 것을 어김없이 얻을 수 있다.

온유하고 내성적이며 언제나 길을 양보하는 사람은, 사악한 인간이나 남의 고통을 이해하지 못하는 이에게 짓밟히고 멸시받을 뿐이다. 그 성향에 하나의 강력한 의지를 보태면 존경받게 되고, 어지간

한 일은 마음먹은 대로 풀릴 것이다. 친한 사이나 지인을 대할 때도 마찬가지다. 조금의 흔들림도 없는 의지는 그들의 마음을 사로잡을 것이다.

아들아, 부드러운 언행은 나와 맞서는 이들의 적을 내 편으로 돌아서게 할 것이다. 상대편의 적을 부드러운 태도로 대하여 그들이 마음의 문을 열도록 해라. 동시에 이쪽의 굳건한 의지를 보이고 자신에게는 분개할 만한 정당한 이유가 있음을 알려라. 나는 상대편과 달라서 악의를 품는 따위의 속 좁은 짓은 하지 않는다, 내가 하는 일은 사리 분별 있는 정당방위다,라는 점을 분명하게 밝혀라.

*dear my son*

## 솔직함으로 상대를 사로잡아라

 아들아, 일에 대해 협상할 때도 의지의 굳건함을 느끼게 해야 함을 명심해라. 부득이 타협해야 할 순간이 올 때까지 한 발짝도 물러서서는 안 된다. 절충안도 받아들이지 말아라. 부득이 타협해야 할 경우에도 저항하면서 한 발, 한 발씩 물러서야 한다. 그 와중에도 부드러운 태도를 보여 상대의 마음을 사로잡아야 한다. 상대의 마음을 사로잡을 수 있다면 이해를 얻어 협상에 보탬이 될 수 있다.
 차라리 떳떳하고 솔직하게 이렇게 말해보면 어떨까.
 "몇몇 문제점은 있습니다. 하지만 그럼에도 귀하에 대한 저의 존경심은 변함이 없습니다. 오히려 이번 일에서 귀하의 뛰어난 능력과 열의에 감탄하였습니다. 이토록 훌륭하게 일하시는 분을 개인적으로 가까이할 수 있다면 정말 좋겠습니다."
 '언행은 부드럽게, 의지는 굳건하게'를 시종일관 밀고 나간다면 거의 모든 협상은 성공적으로 이루어진다. 적어도 상대의 생각대로만 되지는 않는다.

**dear my son**
# 부드러운 말투를 사용하라

아들아, 언행을 부드럽게 하라는 나의 강조가 온순하기만 한 부드러움을 뜻하지 않는다는 것을 너도 알아차렸겠지? 그렇다. 자기 의견은 분명히 말해야 하고, 다른 사람의 의견이 틀렸다고 생각되었을 때는 더욱 분명하게 그리해야 한다.

내가 이번에 알려주고자 하는 바는 말하는 방법이다. 의견을 말할 때의 태도나 분위기, 용어의 선택, 목소리 등을 모두 부드럽고 상냥하게 하라는 것이다. 여기에 어떤 강제성이나 무리가 따른 듯 보이면 안 된다. 매우 자연스러워야 한다.

아들아, 남과 다른 의견을 말할 때도 상냥하고 품위 있는 표정을 유지하고, 말씨도 부드럽게 하거라. "제 생각을 물으신다면, 이러이러하지 않을까 싶습니다"라든지 "그리 확신하는 바는 아닙니다만…"이라든지 "확실히는 모릅니다만, 어쩌면 이런 뜻이 아닐까요…" 등으로 말해라.

부드러운 말투라 전혀 설득력이 없을까? 오히려 거센 바람보다는 따뜻한 태양이 행인의 옷을 벗기듯, 부드러운 언행은 틀림없이 상대의 마음을 사로잡을 것이다.

토론 역시 기분 좋게 끝내라. 나도 상처 입지 않았고, 상대방의 인격을 손상할 생각도 없음을 분명히 보여줄 필요가 있다. 의견 대립은 비록 일시적으로라도 서로를 멀어지게 만들기 때문이다.

'그까짓 태도쯤'이라고 할지 모르지만, 태도도 내용과 똑같이 중요할 때가 있다. 호의를 베풀 생각이었는데 오히려 적을 만들고, 심술궂은 마음으로 한 행동이 친구를 만들기도 한다. 똑같은 태도라도 상대에 따라 다르게 받아들일 수 있기 때문이다.

아들아, 다음을 기억하렴. 표정이나 말하는 방법, 용어의 선택이나 발성, 품위 등이 부드러우면 언행은 부드러워진다. 거기에 강인한 의지가 더해지면 위엄이 생겨나 틀림없이 사람들의 마음을 사로잡을 것이다.

dear my son
# 타인의 약점을 들추지 마라

　자신의 우월감을 나타내기 위해 혹은 주위 사람들을 웃기고 싶어서 타인의 약점이나 단점을 들춰내는 젊은이들이 왕왕 있다. 아들아, 이런 일만큼은 절대로 해서는 안 된다. 그러한 유혹에 넘어가서도 안 된다.

　그런 짓을 하면 확실히 그 순간에는 주위 사람들을 웃길 수 있을지 몰라도, 그로써 너는 평생의 적을 만드는 셈이다. 또한 그때 함께 웃었던 친구들조차 나중에 그 일을 떠올리고는 꺼림칙해할 것임이 자명하다. 결국 그들은 너를 멀리할 테지.

　그뿐만 아니라, 무엇보다도 그런 행동 자체가 품위를 잃는 일이다. 마음씨 고운 사람이라면 타인의 약점이나 불행을 감추어주면 주었지 그것을 남들 앞에서 공개적으로 들춰내지는 않는다. 너는 너의 기지를 타인의 마음에 상처를 주는 데 쓰지 말고 그를 즐겁게 하는 데 쓰려무나.

dear my son
# 상대방이 보지 않는 곳에서 칭찬하라

　상대방을 가장 기쁘게 하는 칭찬은 상대방이 듣지 않는 곳에서 하는 칭찬이다. 다소 전략적으로 느껴지겠지? 물론 그냥 칭찬만 해서는 별 의미 없다. 그것이 칭찬한 대상자에게 확실히 전해져야 한다. 따라서 자신이 한 칭찬의 말을 전해줄 사람을 고르는 일이 중요하다. 그 말을 전달함으로써 함께 득을 볼 사람을 찾으면 된다. 그러면 전달하고자 하는 대상에게 확실히 전해질 뿐만 아니라, 어쩌면 과장이 덧붙여질 수도 있다. 다른 사람에 대한 찬사 중에서 이보다 더 기쁘고 효과적인 것은 없다고 해도 과언이 아니란다.
　아들아, 지금까지 말해온 것들은 앞으로 사회생활에 첫발을 내딛을 네가 기분 좋은 교제를 하는 데 꼭 필요한 것들이라고 생각하렴. 나도 네 나이 때 이런 것들을 알고 있었더라면 얼마나 좋았을까! 나는 이만큼을 알기까지 35년이 걸렸단다. 그 열매를 지금 네가 거두어주리라고 믿는다.

*dear my son*

## 화술의 중요성을 깨달아라

아들아, 영국에서 율리우스력을 그레고리력으로 개정하려는 법안을 상원에 제출했을 때의 일을 자세히 이야기해주마. 분명 좋은 참고가 될 거야.

율리우스력이 태양력을 11일이나 초과하는 부정확한 달력임은 누구나 아는 사실이었다. 그것을 교황 그레고리우스 13세가 개정했지. 그레고리력은 즉시 유럽의 가톨릭 국가에 받아들여졌고, 러시아, 스웨덴, 영국을 제외한 모든 프로테스탄트 국가에 채택되었다.

아들아, 유럽의 주요 국가들이 그레고리력을 채택했는데도 여전히 우리나라가 율리우스력을 고집하는 것은 정말 불명예가 아니겠니? 해외에 자주 왕래했던 정치가들이나 무역상들 중에도 율리우스력의 불편함과 불합리함을 느끼는 사람들이 많았지. 그래서 나는 달력 개정을 위한 여론을 수렴하고 법안 상정을 결심하였다.

나는 나라를 대표할 만한 우수한 법률가와 천문학자들의 협력을 얻어 법안을 작성했다. 나의 고생은 여기서부터 시작이었지. 당연하게도, 법안에는 법률 전문용어와 천문학상의 계산이 담겨 있었고 그

법안을 제안하려는 나는 그 어느 쪽 사정도 모르는 문외한이었으니까. 그렇지만 법안을 성립시키려면 내가 얼만큼 지식이 있음을 의회 사람들에게 알릴 필요가 있었지. 또 나처럼 이런 법안에 대해서 잘 모르는 의원들에게도 조금은 납득한 기분을 갖게 할 필요가 있었다.

나에게 천문학을 설명하는 일은, 켈트어나 슬라브어를 배운 이가 그 언어로 말하는 것이나 마찬가지로 그리 어렵지는 않았다. 그러나 다른 의원들은 어려운 천문학 이야기 따위에 별 흥미가 없을 것임이 자명했지. 그래서 내용 설명이나 전문용어의 나열은 집어치우고, 의원들의 마음을 사로잡는 데만 노력을 기울이기로 결단을 내렸단다.

나는 이집트력부터 그레고리력에 이르기까지의 과정을 일화와 함께 재미있게 설명하였다. 단어, 문체, 화술, 몸놀림에 특히 신경을 썼어. 그리고 이 방법은 성공했다. 앞으로 무슨 일을 추진하든 이러한 방법은 성공할 것이 틀림없다.

의원들은 납득한 표정이었다. 과학적 설명 따위는 전혀 하지 않았고 또 그렇게 할 생각이 없었는데도, 여러 의원은 나의 설명을 통해 모든 것을 분명히 알았다고 발언하였다.

내 설명이 끝난 후 법안 통과를 후원하기 위해 법안 작성에 누구보다도 힘이 되어준, 유럽 최고의 수학자이자 천문학자인 마크레스필드 경이 전문적인 이야기를 하였다. 그런데 그의 태도가 별로 안 좋았던지, 실로 어처구니없게도 나에게 모든 의원의 찬사가 집중되어버렸다.

아들아, 세상은 그런 것이다. 너도 아마 경험이 있을 것이다. 말을 걸어온 사람의 목소리가 거칠거나 묘한 억양이거나 엉망진창이거나 말의 순서가 뒤죽박죽이라거나…. 그럴 때 말의 내용에 귀를 기울일 기분조차, 아니 그 사람의 인격에 눈 돌릴 마음조차 사라져버리지 않을까? 적어도 나는 그렇게 생각한다. 이와 반대로 호감을 주는 방법으로 말하면 그 내용도 훌륭하게 들리고, 그 사람의 인격에도 반해버리게 된단다.

*dear my son*
## 세부적인 부분에도 신경을 써라

만약 네가 전하려는 내용을 아무런 꾸밈이나 보탬 없이 논리정연하게 이야기할 수 있다고 해보자. 그것으로 충분하다고 여겨 정계에 발을 들여놓을 생각이라면 그것은 터무니없는 오만이다. 사람들 앞에서 이야기할 때는 그 내용이 아니라, 달변 여부로 그 평가가 결정되어버리기 때문이다.

사적인 모임에서 남의 마음을 사로잡으려 할 때라든지 공적인 자리에서 청중을 설득하려고 들 때는, 내용도 중요하지만 화자의 분위기·표정·몸짓·품위·어투 및 억양·표준말 사용 등 많은 부분에 신경을 써야 한다. 이러한 부수적인 부분들은 그냥 넘길 수 없을 만큼 중요하다.

나는 피트 씨와 뮤레이 법무장관이 이 나라에서 연설을 제일 잘하는 인물들이라고 생각한다. 두 사람 말고는 영국 의회의 과열된 논쟁을 진정시킬 수 있는 사람은 없다. 두 사람의 연설은 요란한 의회, 소란스러운 의원들을 침묵하게 하고 열심히 귀를 기울이게 하는 힘을 가졌다. 그들이 연설 중일 때는 마치 바늘 떨어지는 소리마저 들릴 것 같은 분위기란다.

왜 두 사람의 연설이 그토록 힘을 발휘할까? 내용이 훌륭해서? 이론적인 뒷받침이 튼튼해서?

나는 그들의 연설에 왜 그리 매료당하는가를 생각해보았다. 도대체 그들이 무엇을 이야기했는지 하나하나 짚어보자니, 놀랍게도 내용이 빈약했고 테마도 없으며 설득력은 부족한 경우가 많았다. 즉, 겉으로 드러난 허식에 매료되었음에 불과했던 것이다.

아무런 꾸밈 없는 논리정연한 화술은 지성인 두세 명의 대화 혹은 사적 모임에서는 설득력 있고 매력적일지 모른다. 그러나 대중을 상대로 하는 공적인 장소에서는 통하지 않는다.

아들아, 이게 세상의 진리란다. 연설에서는 어떤 가르침을 받기보다는 즐겁게 들을 수 있는 쪽에 마음이 쏠린다. 원래 가르침을 받는다는 것은 그다지 기분 좋은 일은 아니지 않더냐. 무식하다는 소리를 듣는 것이나 다름없기 때문이지. 그런데 연설은 듣는 사람의 귀를 솔깃하게 만들어야 한다. 또한 청중의 칭찬을 받으려면 우선 목청이 좋아야겠지.

아들아, 연설에 그다지 능숙하지 못한 너에게 이 이야기는 꼭 짚어볼 중요한 가치가 있겠지?

*dear my son*
## 자기 자신을 표현하는 말을 갈고닦아라

아들아, 말 잘하는 사람이 되고 싶다는 목표를 항상 마음에 품어라. 또한 그 실현을 위해 독서나 문장 연습 등에 집중적으로 노력을 기울여야 한다.

스스로에게 이렇게 말해보자.

'나는 사회에서 인정받는 훌륭한 사람이 되고 싶다. 그러려면 말을 잘해야 한다. 말을 잘하기 위해 일상의 언어를 갈고닦으며, 정확하고 품위 있고 겸손한 화술을 몸에 익히도록 노력하자. 이를 위해 고전이나 현대 작품을 가리지 않고 웅변가들이 쓴 책을 많이 읽자. 말을 잘할 수 있도록 그것을 읽자.'

dear my son
# 자기만의 표현력을 구축하라

아들아, 사회에서 인정받고 싶다는 목적을 이루려면 독서할 때 문체나 어휘의 사용에 유의하면 좋다. 어떻게 해야 좀 더 훌륭하게 표현할 수 있을지, 자신이 똑같은 글을 쓴다면 어디를 고칠지 체크하면서 읽는 게 좋다.

같은 의미의 글이라도 저자에 따라서 그 표현 방법이 얼마나 다른지, 표현이 달라지면 같은 내용이라도 얼마만큼 인상이 바뀌는지에 유의하면서 읽어라. 아무리 훌륭한 내용이라도 어휘 사용이 적절하지 못하거나 문장에 품위가 없거나 문체가 어울리지 않는다면 얼마만큼 흥이 깨지는지를 잘 살펴라.

아들아, 자유로운 대화나 친한 사람에게 보내는 편지라도 자기만의 독특한 표현 스타일을 갖는 것이 중요하단다. 이야기를 시작하기 전에 준비를 갖추는 것도 중요하지만, 그렇게 할 수 없었다면 대화가 끝난 뒤에라도, 좀 더 좋은 표현법은 없었을까를 반성해보는 것도 화술 향상에 도움 될 것이다.

dear my son
# 올바른 말을 사용하고 발음을 명확하게 하라

아들아, 우리의 마음을 사로잡는 배우들이 어떤 식으로 말하는지 관심 가져본 적 있니? 훌륭한 배우는 언제나 확실하게 발음하고 정확한 말을 사용하는 데 중점을 둔단다.

말이란 상대에게 개념을 전달하기 위한 도구야. 그런데 개념이 전달되지 않는 화법을 쓰거나 듣기 싫을 방식으로 말을 한다면, 얼마나 어리석은 노릇일까.

이 문제에 대해서는 하트 씨에게 부탁드리렴. 날마다 큰 목소리로 책을 읽고 그것을 들어달라고 말씀드려라. 호흡 방법, 강조 방법, 읽는 속도 등에서 적당하지 않은 곳이 있다면 일일이 그 대목에서 중지시켜달라고 말씀드려라.

책을 읽을 때는 입을 크게 벌리고 명확하게 발음해라. 조금이라도 빠르거나 말씨가 명료하지 않으면 그 대목을 콕 짚어 지적해달라고 말씀드리렴. 그리고 혼자서 연습할 때는 네 귀로 잘 들도록 해라. 처음에는 천천히 읽다가 말이 빨라지기 쉬운 문장이 있을 테니 너의 버릇을 고치도록 유념하렴.

참, 네 발음에는 걸리는 듯한 느낌이 있단다. 그래서 빨리 말하면 알아듣기 힘들기도 하더구나. 발음하기 어려운 자음이 있으면(너의 경우엔 'r'이지) 완벽하게 발음할 수 있을 때까지 연습을 계속하렴.

**dear my son**

# 생각을 문장으로 정리하는 훈련을 하라

아들아, 사회 문제를 몇 가지 골라서 그것에 제기될 가능성이 높은 찬성 및 반대 의견을 머릿속으로 정리해보렴. 그리고 그 논쟁을 상정해보아라. 이때 논쟁을 가능한 한 품위 있는 말로 다듬는 것도 좋은 공부다.

예컨대, 상비군의 존재 여부를 생각해보자. 반대 의견으로, 군사력 강화가 주변국에 위협을 줄 수 있다는 견해가 나오겠지. 찬성 쪽에서는, 힘에는 힘으로 대항할 필요가 있다는 의견이 나올 테고. 이러한 찬반 양론을 최대한 깊이, 여러 차례 숙고해보아라. 이를테면 본질적 악으로 규정될 상비군을 갖는 것이 상황에 따라 타국의 악을 방지할 필요악이 될 수 있을지를 차분히 생각해보는 것이다.

이처럼 자기 나름의 생각을 정리한 후 그것을 되도록 아름답고 품위 있는 문장으로 정리해보면 좋다. 그러면 토론 연습도 되고, 언제나 능숙하게 이야기하는 습관을 몸에 익히는 데도 도움 될 것이다.

dear my son
# 듣는 사람이 바라는 바를 파악하라

아들아, 상대방을 과대평가하지 않아야 주도권을 쥘 수 있다. 연설할 때 청중을 기쁘게 하기 위해서라도 그들을 과대평가하지 않는 것이 좋다.

내가 처음으로 상원의원이 되었을 때 의회는 존경받을 만한 사람들만 모여 있는 곳이라는 생각에 일종의 위압감을 느꼈단다. 하지만 의회의 실정을 알고 나자 그런 생각은 곧 사라져버렸지.

나는 560명 중 사려 깊고 분별 있는 의원은 기껏해야 서른 명 가량이고, 나머지는 평범하다는 것을 깨달았다. 또 품위 있는 말로 다듬은 내용 풍부한 연설을 원하는 이는 그 서른 명의 의원들뿐, 나머지 의원들은 내용이 어떻든 그저 듣기에 좋으면 만족해한다는 것도 알았다. 그것을 알고 나서는 연설할 때 긴장감도 줄고, 급기야 청중을 의식하지 않고 그저 연설 내용과 화술에만 집중할 수 있게 되었지. 자랑은 아니지만, 나는 나 자신이 충실한 내용의 연설을 할 수 있을 정도의 양식은 갖췄다고 생각하기 시작했다.

아들아, 웅변가는 솜씨 좋은 제화공과 비슷하다. 웅변가나 제화공은 상대편, 즉 청중이나 고객에게 잘 맞출 방법을 터득하고 나면, 그 다음부터는 기계적으로 잘 해낼 수 있다. 만약 네가 청중을 만족시키고 싶으면 청중이 좋아하는 방향으로 이야기를 전개하면 된다. 연사가 청중의 개성까지 좌우할 수는 없지 않겠니. 그저 그들을 있는 그대로 받아들일 수밖에 없다. 다시 강조하자면, 그들은 자신들의 오감이나 마음을 사로잡는 것만을 좋아하고 받아들인다.

라블레(프랑스의 의학자, 작가)도 초기 작품은 누구에게도 인정받지 못했다. 독자의 기호에 맞추어 《가르강튀아와 팡타그뤼엘》을 발표하고 나서야 비로소 독자들의 갈채를 받았단다.

*dear my son*

# 상대방에게 진심으로 마음을 써라

아들아, 아무리 훌륭한 사람들과 깊이 관계를 맺더라도 상대방을 기쁘게 해주려는 네 마음이 전제되지 않으면 아무런 소용이 없음을 기억하렴.

언젠가 네가 스위스를 여행하고 있을 때 친절한 대접을 받아 아주 기뻤다는 내용의 편지를 보내온 일이 있었지. 그때 나는 너에게 친절하게 대해준 분들에게 감사의 편지를 써 보냈다. 동시에 너에게도 다음과 같은 편지를 썼었는데, 혹시 기억하니?

'만일 다른 사람이 너를 염려해 마음을 써준 것이 그토록 기뻤다면 너 역시도 다른 사람에게 진심으로 마음을 쓰거라. 네가 마음을 쓰고 친절하게 해주면 해줄수록 상대방도 기뻐한단다.'

이것이 교제에 꼭 필요한 최상의 원칙 아닐까? 사람이란 자신이 사랑하는 이나 존경하는 친구에 대해서는 염려하고 기쁨을 주고 싶다는 마음이 생기게 마련이지. 이런 마음이 없으면 실제로 사람들을 기쁘게 해줄 수 없다. 인간관계의 원칙은 상대편에 대한 이러한 마음이다. 이런 마음이 있으면 어떤 말과 행동을 취해야 좋을지를 자연히 알게 된단다.

 누군가를 기쁘게 해주고자 하는 마음은 다들 가지고 있다. 그런데 그 방법을 아는 이는 드물다. 그러니 아들아, 너는 꼭 위의 방법을 익혀두렴. 누군가가 자기에게 해주었을 때 기뻤던 것을 너도 다른 사람에게 똑같이 해주는 것이다. 그밖에 특별한 원칙은 없단다. 잘 생각해보렴, 다른 사람이 너에게 어떻게 해주었을 때 네가 기뻤던가를. 알았으면 너도 똑같이 하도록 해라. 그러면 상대방도 틀림없이 기뻐할 테니.

**dear my son**
## 대화를 독점하지 마라

아들아, 실제로 상대방을 기쁘게 해주는 올바른 교제를 하기 위해서는 어떤 점을 조심해야 할까? 우선, 말을 잘하는 것은 좋지만 혼자서 계속 떠들어대는 것은 좋지 않다. 오랜 시간 혼자서 말해야 하는 상황이라면, 적어도 네 말을 듣는 사람이 지루해하지 않고 즐겁게 들을 수 있도록 마음을 써야 한다.

그러나 그마저도 최소한으로 하는 것이 바람직하다. 본래 대화란 독점하는 것이 아니지 않더냐. 너 혼자서 모든 사람의 몫을 차지해서는 안 된다. 특히 각자 자기 몫을 차지할 능력이 있다면 더더욱 그렇다. 너는 네 몫만 차지하면 된단다.

가끔 혼자서만 계속 떠들어대는 사람이 있다. 그들은 대부분 말수가 거의 없는 사람 혹은 우연히 옆자리에 앉은 사람을 붙잡고 계속 소곤댄다. 이것은 예절에 정말 어긋난다. 절대 올바른 태도가 아니야. 대화는 공동으로 이루어야 하는 공공의 것이니 말이다.

그런데 만약 네가 그러한 몰지각한 사람에게 붙잡혔을 때, 또한 그 상황을 참아내야만 하는 상대라면 적어도 겉으로는 그에게 주의를 기울이는 척하며 참는 수밖에 다른 방도가 없다. 절대 드러내놓고 거절해서는 안 된다. 그 사람에게는 네가 조용히 귀 기울여주는 것보다 기쁜 일은 없을 테니까. 이야기 도중에 등을 돌린다거나 참기 힘든 표정을 드러낸 채 상대의 말을 듣는 것만큼 모욕적인 것은 없단다.

*dear my son*

## 상대와 상황에 따른 적절한 화제를 선택하라

아들아, 대화는 될 수 있으면 함께 자리한 사람들이 모두 좋아하는 내용, 유익한 이야기를 주제로 삼는 게 좋다. 역사나 문학 또는 다른 나라 이야기 등은 날씨나 의상, 떠도는 소문 같은 것보다 훨씬 유익하고 즐거울 것이다.

때론 가볍고 조금 재미난 이야기가 필요할 수도 있다. 내용상으로는 별것 없는 이야기라도, 여러 부류의 사람들이 모였을 때는 공통적인 화제가 가장 적절하다.

더욱이 무엇인가를 협상하고 있을 때, 대화가 더 이어지면 분위기가 험악해질 우려가 있다면 가벼운 이야기를 꺼내 무거운 분위기를 단번에 씻어주는 게 좋다. 그럴 때 잠깐 익살스런 화제를 꺼내는 재치도 필요하다. 음식에 관한 이야기라든지 술 제조법 등으로 화제를 돌리는 것이다. 아주 세련된 화술이지.

상대에 맞춰 화제를 바꾸라는 말을 새삼 또 너에게 이야기할 필요는 없겠지. 누가 가르쳐주지 않았다고 해서 항상 똑같은 화제를 똑같은 태도로 꺼낼 만큼 바보는 아닐 테니. 정치가에게는 그에 적합한 화제가 있고, 철학자에게는 그에 맞는 화제가 있다. 물론 여성에게는 여성 취향의 화제가 있고. 인생 경험이 풍부한 사람은 누구나 아는 사실이다.

아들아, 상황에 맞춰 색깔을 바꾸는 카멜레온처럼 대화 상대에 맞춰 색깔을 달리하고 화제를 선택하렴. 이것은 교활하거나 야비한 태도가 아니다. 인간 교제에 없어서는 안될 윤활유 같은 것이라고 생각하면 된다.

굳이 네가 그 장소의 분위기 메이커가 될 필요는 없다. 오히려 분위기에 너를 맞추는 편이 좋다. 그 자리의 분위기를 재빨리 읽어 진지하게도, 명랑하게도 굴어라. 필요하면 농담을 꺼내는 것도 바람직하다. 이런 자세는 많은 사람과 자리를 함께할 때의 에티켓 같은 것이다.

또한 스스로 말하지 않더라도 장점이 있으면 그것은 대화 속에서 자연스레 드러나게 마련이다. 만약 자신 있게 꺼낼 화제가 없다면 스스로 화제를 택하기보다 다른 사람의 시시한 이야기에 조용히 맞장구치는 편이 훨씬 좋다.

아들아, 의견이 대립되는 화제는 최대한 피하거라. 그렇지 않으면 의견을 달리하는 쪽과 잠시 험악한 분위기가 될 우려가 있다. 의견 대립으로 논쟁이 고조될 듯하면 그냥 얼버무리든지, 기지를 살려서 그 화제에 종지부를 찍는 게 최고의 선택이다.

*dear my son*
# 자기 자랑도 자기 비하도 하지 마라

아들아, 어떤 경우에도 절대 해서는 안 되는 것이 자기 자랑이다. 이는 최대한 피해야 할 노릇이다. 아무리 훌륭한 사람도 자신의 이야기를 하자면 여러 가면을 쓴 허영심이나 자존심이 머리를 들기에 마침내 다른 사람들에게 불쾌감을 주고 말지.

자기 자랑에도 여러 가지가 있다. 이야기의 흐름과는 전혀 상관없는 자기 이야기를 갑자기 꺼내고는 결국 자기 자랑으로 마치는 사람이 있는데, 이는 정말 예의에 어긋나는 일이다.

좀 더 교묘하게 구는 사람도 있다. 예컨대 마치 자신이 억울하게 비난받고 있는 것처럼 굴면서 그런 비난은 부당하다(본인의 생각일 뿐이지만)고 말하고는, 자신의 장점을 나열하면서 스스로를 정당화하고 결국은 자기 자랑을 하는 것이지.

"이런 말은 정말 우스워서 나도 굳이 하고 싶지 않아요. 사실 나는 말하지 않으려고도 했어요. 하지만 너무하더라고요. 나도 내가 하지도 않은 일로 이렇게 심한 비난을 받지 않았다면 입이 열 개라도 이런 말은 하지 않았을 거예요."

누구나 정의감을 갖고 있다. 그러니 부당한 비난에 혐의를 벗기 위해서 평소라면 입 밖에 내지 않을 말까지 하겠다는 것은 수긍할 수 있다. 하지만 그 얼마나 얄팍한 생각이냐! 자신의 허영심을 위해 겸손함을 내팽개쳐도 좋단 말일까? 그런 경박스러운 행위라니! 그 속셈이 너무 뻔하다.

똑같이 자기 이야기를 하더라도 좀 더 유치하게 굴며 자신을 비하하는 방법을 쓰는 사람도 있다. 이것은 더욱 어리석은 수작이다. 그들은 우선 자신의 나약함을 고백하며 자신의 불행을 한탄하고 그리스도교의 일곱 가지 덕에 맹세를 한다. 그러면서도 스스로 약간의 부끄러움이나 망설임을 느끼는 듯하다. 그들은 아무리 불행을 한탄해도 주위 사람들이 동정하지도, 힘이 되어주지도 않는다는 사실을 깨닫지 못한다. 그저 곤혹스러워하고 당황할 뿐이라는 것을 모른다. 본인들 스스로가 매우 적절하게 언급하는 것처럼 그들에게는 힘이 부족한 것이다. 그러니 어떻게 도와줄 수도 없다. 주위 사람들이 당혹해하는 것은 당연하다. 그런데 그들은 미처 거기까지 생각하지 못해 스스로도 바보 같은 짓임을 알면서도 푸념한다. 그들은 자기 같은 결점투성이 인간은 성공은커녕 사회에서 순탄하게 살아가기조차 어렵다는 것을 분명히 알고 있다. 그러면서도 그 버릇을 고치지 못한다. 그래서 최후의 발버둥을 치면서 힘껏 저항하는 것이다.

아들아, 정말 그러겠냐고 의아해할지 모르지만 이것은 사실이란다. 너도 언젠가는 이런 사람들을 만나게 될 테니, 주의해서 살펴보는 것이 좋겠구나.

*dear my son*

## 이야기를 과장하지 마라

허영심이나 자존심이 밖으로 드러나지 않는 것은 그나마 낫다. 심한 경우, 어지간히도 시시한 것까지 증거로 내세워서 노골적으로 자랑을 늘어놓는 이가 있다. 칭찬받으려는 욕심에 자기 자랑이 넘치는 사람을 너도 보았을 것이다.

그런데 그들의 이야기가 사실이라 하더라도(물론 그런 경우는 좀처럼 없지만) 실제로 칭찬받는 일은 드물단다. 예컨대 자신과 별로 관계없는 일, 즉 자신은 저 유명 인사 누구누구의 자손이라든지 친척이라든지 친구라는 것을 자랑스럽게 내세우는 사람이 있다. '우리 할아버지는 누구이고, 백부는 누구이며, 친구는 누구누구랍니다…' 하며 그칠 줄 모르고 지껄여댄다. 어쩌면 그는 그들을 한 번도 제대로 만나보지 못했을 것이다.

그래도 뭐, 좋다. 그런데 그것이 진짜라면 뭐가 어떻다는 말일까? 그렇다고 그 자신이 훌륭하다는 소리일까? 당연히 아니지.

혹자는 혼자서 술 대여섯 병을 비웠다고 말하며 자랑스러워하기도 한다. 그 사람을 위해서 감히 말하건대, 그것은 거짓말이다. 그렇지 않다면 그 사람은 괴물이겠지.

  이처럼 허영심 때문에 어리석은 말을 하거나 이야기를 과장하는 경우는 끝이 없다. 이것은 본래의 목적을 이루기는커녕 오히려 자신에 대한 평가를 깎아내릴 뿐이다. 본질과 전혀 관계가 없는 말을 꺼내어 자랑한다는 것은 자신에게 내세울 만한 내용이 없음을 스스로 폭로하는 것과 다름없다.

*dear my son*

## 가만히 있어도 빛나는 장점을 키워라

　어리석은 행위를 하지 않는 유일한 방법은 자신에 대해서는 입을 다무는 것이다. 자신에 관해 꼭 말해야 할 경우에도 자랑이라고 오해받을 만한 내용은, 직접적이든 간접적이든 일절 삼가라.
　아들아, 인격은 선악에 상관없이 언젠가는 알려지게 마련이니 일부러 말할 필요가 없단다. 더구나 본인이 자기 입으로 말한다면 누가 얼마나 믿어주겠니? 잘못을 스스로 털어놓으면 결점이 감춰질 거라든지 장점이 더욱 빛날 거라는 생각은 하지 않는 게 좋다. 그런 짓은 결점을 한층 두드러지게 보이게 할 것이고 장점은 더 희미해지게 할 것이다. 스스로 아무 말도 하지 않고 가만히 있으면 사람들은 오히려 장점이 있다고 생각할 것이다. 최소한 겸손하다고 생각할 것이다. 불필요한 질투나 비난 또는 비웃음을 일으킬 염려가 없고, 정당한 평가가 방해받는 일도 생기지 않을 것이다.
　아들아, 아무리 교묘하게 꾸미더라도 스스로 그것을 말해버리면 주위의 반감을 살 수 있다. 이로써 뜻밖의 결과가 생길 수 있으니, 자기 이야기를 최대한 자제하는 것이 가장 현명하다.

*dear my son*

# 윗사람에게는 항상 예의를 갖춰라

　이제 상황에 맞는 예의범절에 대해 이야기를 해볼까.

　명백한 윗사람, 공적 지위가 높은 사람에게 예의를 소홀히 할 수 있을까? 그럴 사람은 없다고 본다. 그렇다면 그들에게는 어떻게 예의를 표현해야 할까? 분별 있고 인생 경험 많은 사람은 어깨에 힘을 주지 않아도 자연스럽게 최대한의 예의를 표현할 수 있다. 그런데 훌륭한 사람들과의 교제 경험이 적은 사람들은 실로 어색하고 안절부절못하니, 옆에서 보고 있기에 애처로울 정도다.

　그나마 다행스럽게도 존경하는 사람 앞에서 볼썽사나운 자세로 의자에 걸터앉거나, 휘파람을 불거나, 머리를 박박 긁거나 하는 무례한 행위를 하지는 않는다. 그러니 윗사람 앞에서 주의해야 할 점은 단 하나, 너무 긴장하지 말고 우아하게 예의를 다하면 된다. 이것은 좋은 본보기를 관찰하여 실제로 따라 함으로써 몸에 익혀두는 방법밖에 없다.

**dear my son**

# 모임에서도 반드시 기준을 지켜라

　특별히 윗사람이 없는 모임에서는 적어도 초대받은 모두가 같은 입장이라고 보아도 좋다. 이 경우 경외를 표해야 할 사람은 처음부터 없는 셈이니 그만큼 행동이 자유롭고 긴장감도 적다.

　그러나 어떤 교제에든 꼭 지켜야 할 기준이 있으니 이 경우에도 그것을 지키기만 하면 우선 무난하겠다. 물론 특별히 주의를 기울여야 할 사람이 없는 대신 누구나 일반적인 예의나 배려를 기대하고 있다는 점은 기억하자. 그러므로 주의가 산만하거나 무관심한 것은 허용되지 않는다.

　예컨대 누군가가 다가와 지루한 이야기를 시작했더라도 너는 일단 정중하게 대해야 한다. 이야기를 건성으로 듣다가 자칫 상대를 무시하고 있음이 드러나면, 아무리 대등한 입장이라도 이미 크나큰 결례를 저지른 셈이다.

　특히 상대가 여성인 경우 더욱 그렇다. 지위가 어떠하든 여성이라면 주목받는 것만으로는 충분하게 여기지 않는다. 그들은 아부에 가까운 배려를 기대하기에 그들의 사소한 소원, 예컨대 좋아하고 싫어

하는 것, 취미나 변덕뿐만 아니라 건방진 태도에까지 주의를 기울여야 한다. 가능하면 그녀가 무엇을 원하는지를 추측해서 먼저 이야기할 줄 알아야 한다. 예의 바른 사람은 모두 그렇게 하고 있다.

 아들아, 편한 사람들 모임에서 예의를 다하는 방법을 하나하나 열거하자면 끝이 없을 테고 너에게도 실례일 테니, 이쯤에서 그만하마. 그 뒤의 일은 너의 양식에 비추어 판단하고, 무엇이 이로운지를 따져서 행동하기 바란다.

*dear my son*

## 지위가 낮은 사람을 적으로 만들지 마라

아들아, 혹시 네 방을 청소해주거나 구두를 닦아주는 고용인보다 네 출신이 우수하다고 생각하니? 너는 하늘이 너에게 주신 행운에 감사해야 한다. 그러나 불우하게 태어난 사람들을 멸시하거나 쓸데없는 말로 그들의 불운을 상기시켜서는 안 된다.

나는 나와 비슷한 사람을 대할 때보다 신분이나 지위가 낮은 이들을 대할 때 태도에 더 신경을 쓴다. 그것은 노력이나 실력 등과는 아무 상관 없는, 단지 운명으로 인한 신분이나 지위의 차이를 새삼스레 의식시켜 내가 하찮은 자존심을 만족시키고 있는 것처럼 오해받고 싶지 않아서다.

그런데 젊은이들 생각은 좀 다른 것 같구나. 명령적인 태도나 권위가 잔뜩 담긴 단정적인 말투를 써야 용기 있고 기개 있다고 오해하는 것 같아. 이런 생각은 조심성이 부족한 탓도 있지만, 대개는 신경을 기울이지 않아서다. 상대방은 젊은이들이 거만하다고 느끼고, 자신의 신분이 낮아 업신여김을 당한다고 여길 것이다. 그러면 두고두고 적의를 품겠지.

이 경우 잘못은 젊은이에게 있다. 상대가 화를 내는 것도 무리가 아니지. 그들은 도대체 어디에 신경을 쓰는 걸까? 지인, 한층 뛰어난 사람, 지위가 높은 사람, 유별나게 아름다운 사람, 인격자 등에만 신경을 쓴다. 그 밖의 사람은 주목할 가치가 없다는 듯 군다. 보통의 예의조차도 지키려 하지 않는 것이다.

아들아, 고백하건대 나 역시 네 나이 때는 그러했다. 매력적인 일부 사람들의 마음을 사로잡는 데만 필사적이었고, 나머지 사람들에게는 보통의 예의조차 지킬 필요가 없다고 생각했지. 그래서 각료나 지식인이나 빼어난 미인 등 화려하고 돋보이는 인물에게만 예의를 갖추고, 그 밖의 사람들에게는 전혀 예의를 지키지 않는 어리석음으로 모두를 화나게 만들어버렸다. 이런 어리석은 행동 때문에 나는 남녀를 가리지 않고 많은 적을 만들고 말았다. 별볼일없다고 생각했던 사람들이 내가 가장 좋은 평판을 얻고 싶어 했던 장소에서, 결정적으로 나에 대한 평가를 깎아내려버렸다. 나는 모두에게 오만한 인간으로 각인되었다. 사실은 분별이 모자랐을 뿐이지만.

아들아, '인심을 얻은 왕은 가장 마음 편하게 권력을 오래 유지할 수 있다'라는 오래된 격언이 있다. 신하에게 인심을 얻는 것은 그 어떤 무기보다도 강력하다. 신하의 충성을 원하거든 신하가 두려워하는 대상이 되기보다 오히려 호감을 얻으라는 뜻이다. 지위가 낮은 사람들과의 관계도 마찬가지다.

아들아, 사람의 마음을 사로잡는 방법을 안다는 것은 그 무엇보다 강한 힘을 가지고 있는 것과 다름없다.

*dear my son*

# 예의를 지켜 관계를 지속하라

    실수할 리 없다고 생각한 곳에서 뜻밖의 실패를 할 수 있다. 주로 아주 친한 친구나 지인들 앞에서 말이다.

    친한 사이라면 마음을 편안히 가져도 좋다. 또 그것이 당연하다. 그러한 관계가 사생활에 편안함을 주는 것도 맞다. 그러나 거기서 멈춰야 한다. 친한 사이라고 하여 보통의 경우라면 절대로 발을 들여놓지 않을 영역에 침범하는 것은 옳지 않다. 하고 싶은 대로 제멋대로 지껄이다 보면 즐거워야 할 대화는 금방 시들해져버린다. 자유가 지나치면 뜻하지 않게 몸을 망쳐버리는 경우와 마찬가지다.

    너무 막연하니? 그렇다면 한 가지 확실한 예를 들어보마.

    나와 네가 같은 방 안에 있다고 하자. 나는 내가 무슨 일을 해도 상관없다고 생각하고, 너 또한 너 하고 싶은 대로 하면 된다. 그때 우리 사이에 예의나 주의가 필요없을까? 아니, 그렇지 않다. 아무리 상대가 너라도 어느 정도의 에티켓은 지켜야 한다. 이는 다른 사람에 대해서도 마찬가지다. 만약 네가 이야기하는 동안 내가 줄곧 다른 생각을 하거나 크게 하품을 하거나 코를 훌쩍이거나 실수를 한다면,

나는 내가 저지른 야만스러운 행동을 부끄러워할 것이다. 그리고 너와 사이가 벌어질 각오까지 해야 할 것이다.

아무리 친한 사이라도 관계를 오래 지속하고 싶다면, 어느 정도의 예의가 필요하다. 남편과 아내가(남자와 여자라도 상관없다) 낮이나 밤을 함께 보낼 때, 양보하지 않고 예절을 무시한다면 어떻게 될까? 그렇지, 단란했던 사이는 얼마 안 가 싫증을 느끼고, 서로 경시할 것이다.

사람은 누구나 나쁜 점을 가지고 있다. 그것을 그대로 드러내는 것은 단지 예의에 어긋나는 일일뿐더러 무분별한 행동이다.

아들아, 너는 모든 사람과 언제까지나 사이좋게 지낼 수 있는 가장 알맞은 예의를 익히거라. 그런 자세가 무엇보다도 필요하다.

*dear my son*

## 꾸준히 갈고닦아 가치를 인정받아라

아들아, 하루의 절반은 예의를 몸에 익히는 데 힘쓰기 바란다.

다이아몬드도 원석일 때는 별 쓸모가 없다. 값어치는 있을지 모르지만, 갈고닦인 후에야 비로소 사람들에게 그 가치를 인정받는다. 다이아몬드가 아름다운 것은 원석이 견고하고 밀도가 높기 때문이다. 그러나 갈고닦는 최후의 마무리 작업이 없다면 언제까지나 더러운 원석으로 남아, 기껏해야 호기심 강한 수집가의 진열장에 들어갈 것이다.

아들아, 나는 너의 알맹이가 밀도 높고 견고하다고 믿는다. 적어도 그렇게 믿고 있다. 그다음은 지금까지 네가 갈고닦은 그 수준으로 노력해주기 바란다. 네가 사용법을 알고 있다면 주위의 훌륭한 사람들이 너를 멋진 모양으로 다듬어 찬란히 빛나도록 해줄 것이다

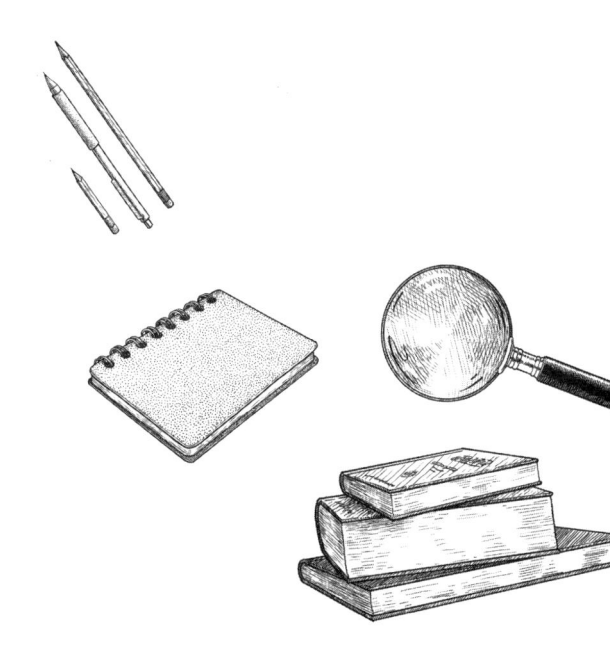

chapter 4
사고의 정석

dear my son
## 여행의 참된 목적을 깨달아라

이 편지가 너에게 무사히 전달될 무렵이면, 너는 베니스에서 로마로 갈 준비를 하고 있겠구나. 하트 씨에게 지난번 편지에 부탁드린 것처럼 로마는 아드리아해를 따라 리미니, 로레토, 안코나를 거쳐서 가면 좋다. 어느 고장이나 들러볼 만하지만 오래 머무를 필요는 없어. 잠깐만 봐도 충분할 거야. 그 일대에는 고대 로마의 유물이나 잘 알려진 건축물과 회화, 조각 등이 많이 있으니 가능하면 놓치지 말고 둘러보거라. 훑어보기만 하면 되니 그리 오랜 시간이 걸리지는 않을 거야. 하지만 자세하게 보아야 할 것들에는 좀 더 긴 시간과 주의력을 쏟으렴.

요즘 젊은이들은 경박하고 주의가 산만해서 무슨 일에든 무관심하지. 이를 두고 '보아도 보이지 않고, 들어도 들리지 않는다'고 표현하더구나. 그저 표면적으로 보거나 건성으로만 듣는다면 차라리 보지도 듣지도 않는 편이 낫다.

아들아, 네가 보내준 여행기를 받아보았다. 너는 여행지 곳곳에서 그 지방의 역사를 잘 관찰하고 있고, 여러 의문을 가지는 듯하더구

나. 그것이야말로 여행의 참된 목적이라고 할 수 있겠다.

여행지를 별생각 없이 그저 돌아다닐 뿐, 다음 목적지까지 얼마나 떨어져 있는지, 다음 숙소는 어디인지 등에만 정신 팔린 사람이 있다. 그들은 여행에서 아무것도 얻지 못한다. 여행을 떠나기 전과 다름없이 여전히 어리석은 상태로 돌아올 것이다. 가는 곳마다 있는 교회의 첨탑이나 시계, 호화로운 저택을 보고서 탄성을 지를 뿐이라면 집에 있는 것과 다를 바가 없다. 얻는 것이 없는 여행을 가서 무엇하겠니.

이와는 달리 어디를 가든지 그 지역의 정세나 다른 지역과의 관계, 약점, 교역, 특산물, 정치 형태, 헌법 등을 제대로 들여다보는 사람들이 있다. 그 지역의 훌륭한 사람들과 잘 교유하고, 그 지방 특유의 예의범절이나 인간성을 잘 파악하는 사람들도 있다. 그들이야말로 여행에서 득을 얻는다. 그들은 여행을 거치는 동안 더 현명해져서 돌아오게 마련이란다.

dear my son
# 현지인을 통해 호기심을 충족하라

로마는 사람의 감정이 온갖 모양으로 생생하게 표현되어 예술로 승화된 도시다. 그런 도시는 좀처럼 없다. 그러니 로마에 머무는 동안에는 교황청이나 바티칸 궁전이나 판테온을 구경하는 것에 그쳐서는 안 된다.

아들아, 1분 동안 관광을 할 예정이라면 열흘 동안 정보를 수집하렴. 로마 제국의 본질, 교황 권력의 흥망성쇠, 궁정의 정책, 추기경의 책략, 교황 선출을 둘러싼 뒷이야기 등 절대적인 권력을 뽐냈던 로마 제국의 내면에 관한 것이라면 무엇이든 좋다. 그것들에 깊이 파고들도록 해라.

어느 곳이든 그 지역의 역사와 현재 상황을 간단히 소개한 안내 책자가 있다. 그것을 먼저 읽어보면, 부족하긴 해도 지침은 된단다. 더 상세히 알고 싶은 것은 그 지방 사람들에게 물어보면 된다.

이것이다, 아들아. 모르는 점은 그것에 정통한 사려 깊은 사람에게 물어보는 것이 가장 좋은 방법이다. 안내 책자의 기록이 제아무리 자세하더라도 완벽한 정보를 얻을 수는 없다.

영국에도 자국 현황을 상세히 설명해놓은 책이 여러 권 있다. 프랑스도 마찬가지다. 그렇지만 어느 책이든 정보로서는 완전하지 못하다. 왜냐하면 자기 나라 현황에 딱히 정통하지 못한 사람들이, 역시 정통하지 못한 사람이 쓴 책을 그대로 베껴놓았기 때문이다.

그렇다면 그 책들이 전혀 읽을 가치가 없을까? 아니, 읽을 가치는 충분하다. 몰랐던 것을 알 수 있기 때문이지. 만일 그 책을 읽지 않았더라면 머릿속을 스치지도 않았을 그런 지식들이 담겨 있다. 궁금한 부분은 단 한 시간이라도 좋으니, 그곳 사정에 밝은 사람이나 의원에게 물어라. 그러면 프랑스에 있는 모든 책을 다 읽어도 모를 프랑스 의회의 내부 사정을 조금은 파악할 수 있을 것이다.

만약 군대에 대한 지식이 필요하다면? 장교에게 물어보자. 누구나 자기 직업에 각별한 애착을 가지므로 직업에 관련한 이야기를 하고 싶어 한다. 더욱이 자기 직업에 관련한 질문을 받으면 신이 나서 속속들이 말해주지. 그러니 모임에서 만난 군인에게 궁금했던 사항을 물어보아라. 훈련법이나 야영 방법, 의복의 배급 방법이나 급료, 역할, 검열, 야영지 등등 알고 싶은 것을 실컷 물어보아라.

해군에 관한 정보도 수집하면 좋다. 지금까지 영국은 프랑스 해군과 항상 깊은 동맹 관계였고 앞으로도 그럴 것이다. 그러니 알아두면 좋을 것이다. 영국으로 돌아왔을 때 네가 익힌 해외 정보가 얼마나 너를 돋보이게 할지, 또 실제로 외국과 교섭하는 데 얼마만큼 도움이 될지 생각해보렴. 상상 이상일 것이다. 게다가 실제로 이 분야에 정통한 사람은 아직까지 거의 없어 미개척 분야라고 할 수 있지.

*dear my son*

## 외국에 가면 분별 있게 행동하라

하트 씨의 편지에는 항상 너를 칭찬하는 말로 가득하더구나. 특히 이번 편지에는 반가운 내용이 적혀 있었다. 로마에 있는 동안 네가 기존의 이탈리아 사회에 융합하려고 줄곧 노력하였다지? 영국 부인의 제의로 결성된 영국인 집단에는 가입하려고 하지 않았고? 너의 이러한 분별 있는 행동은 내가 왜 너를 외국으로 보냈는지 그 취지를 잘 이해한 방증이라, 나는 매우 기쁘다.

아들아, 세계 여러 나라 사람들과 사귀는 편이 한 나라 사람만 알고 그에 만족하는 것보다 훨씬 낫다. 이 분별 있는 행동을 어느 나라에 가든 계속 유지하렴.

파리에는 다수의 영국인이 무리 지어 살고 있는데, 이들은 프랑스인들과도 대화하는 일 없이 끼리끼리만 생활하고 있다. 파리에 머무는 영국 귀족들의 생활상은 대체로 비슷하지. 아침에는 늦게까지 이불 속에 있다가 일어나면 곧장 아침을 먹는데, 반드시 친한 동료와 함께한다. 이것으로 오전 두 시간을 헛되이 보내버리지. 식사가 끝나면 사람이 넘칠 만큼 가득한 마차에 올라 궁정이나 노트르담 사원 등을 구경하러 간다. 그다음에는 커피하우스로 몰려가 저녁 식사를 겸한 즉석 술자리를 가지고. 식사가 끝나면 적당히 술이 오른 상태에서 총총히 줄지어 극장으로 향한다. 옷감은 최고급이지만 볼품없는 맵시의 양복을 입고 무대 바로 앞 좌석을 차지한다. 연극이 끝나면 일행은 다시 술집으로 돌아와 이번에는 쏟아붓듯이 술을 마시면서 자기들끼리 언쟁을 벌이거나 거리로 나가 싸움질을 한다. 그러곤 결국 경찰관에게 붙잡히는 것이다.

 이러한 생활을 되풀이하고 있으니 그들이 프랑스어를 제대로 배우겠니? 새로운 지식도 쌓지 못하고 타고난 급한 성미는 더 격해질 뿐이지. 그러고도 이들은 외국 바람을 쐬었음을 자랑하려고 제멋대로 프랑스어를 지껄이고 프랑스식 옷차림을 갖추지만, 모두 엉터리이고 꼴불견일 뿐이다. 모처럼의 해외 생활은 물거품이 되어버리지.

 아들아, 너는 이렇게 되지 않도록 몸가짐을 단속해라. 프랑스에 있는 동안 프랑스인들과 사이좋게 교제하거라. 노신사에게 좋은 본보기를 배우렴. 네 나이 또래의 젊은이들과 함께 어울리는 법을 배우는 것도 좋겠다.

dear my son
# 외국에서는 이방인의 옷을 벗어던져라

　외국에서 겨우 1주일이나 열흘 정도 마치 철새처럼 잠깐 머무는 데 그친다면 즐기기는커녕 사람들과 친분을 쌓을 수 없을 것이다. 현지인들도 그 짧은 기간의 교제는 주저할 것이다. 아는 사이가 되기를 주저해도 그를 비난할 수는 없다.

　그러나 여러 달 머물자면 이야기는 달라진다. 그 지역인들과 허물없이 사귈 시간이 충분하다면, 당연히 '이방인'이라는 느낌은 사라진다. 이로써 여행의 진정한 즐거움을 느낄 수 있다. 어디를 가든지 지역인들과 격의 없이 사귀고 그 사회에 융합되어 그들의 평소 참모습을 접해보렴. 이것이 지역의 관습을 알고 예절을 이해하고 타지역과 다른 고유의 특성을 아는 유일한 방법이야. 단 30분간의 형식적인 공식 방문으로는 얻지 못하는 부분이지.

　아들아, 세계 어디서나 사람의 성질은 똑같다. 그 성질을 어떻게 표현하는가의 차이가 있을 뿐이야. 지역과 환경에 따라 서로 다른 이 표현법을 알 수 있도록 그 갖가지 모양과 교제해야 한다.

　예컨대 '야심'이라는 감정을 보자. 이것은 누구나 가지고 있지만 그것을 만족시키는 수단은 교육이나 풍습에 따라 달라진다. 예의를 지키려는 마음도 기본적으로는 누구나 가지고 있지만 그 마음을 어떻게 표현하는지는 지역마다 다르다. 영국 국왕에게 허리를 굽혀 절하는 것은 존경의 뜻이지만, 프랑스 국왕에게 허리를 굽혀 절하는 것은 결례다. 황제에게는 존경의 뜻으로 허리를 굽혀 절하는 것이 원칙이지만, 전제 군주 앞에서는 반드시 엎드려야 하는 나라도 있다. 이처럼 예의범절은 지역에 따라, 시대에 따라, 사람에 따라 다르단다. 그러한 예의범절은 아마 우연한 기회에 즉흥적으로 생겨나 이어져왔겠지.

아들아, 아무리 뛰어나고 분별 있는 사람도 그 지역 특유의 예의범절을 배우지 않으면 표현할 수 없단다. 그것을 할 수 있는 사람은 실제로 그 지역에 가서 눈으로 보고 몸으로 체험하여 알고 있는 사람뿐이지.

예의범절은 각 지역마다 우연히 생긴 것이기에 이성이나 분별로 설명하기엔 무리가 있겠다. 그렇지만 그것이 거기에 엄연히 존재하고 있는 한, 그것에 따라야 한다. 이것은 왕이나 황제에 대한 예의에 국한되지 않는단다. 모든 계급마다 관습 같은 것이 있을 테니, 그에 따르는 게 좋다.

흔히 남에게 예의 바르게 하고 기분 좋은 생각을 갖게 하는 것이 건전한 사고방식으로 여겨진다. 하지만 때와 장소와 사람에 따라서 어떻게 예의를 다할지는 실제로 눈으로 보고 몸으로 익히기 전에는 알 수 없다. 이것들을 배워오는 것이 올바른 여행 방법이란다.

dear my son
## 생활하는 나라의 언어를 익혀라

 분별 있는 사람은 어디를 가든 그 지역의 풍습을 익히고 따르려고 노력한다. 전 세계 어느 곳을 가든 그런 자세가 필요하다. 도덕적으로 용납할 수 없는 일이 아니라면 어떤 것에든 따르는 편이 좋다.
 이때 적응력이 필요하다. 적응력은 순간적으로 때와 장소에 적합한 태도를 결정하는 능력이다. 진지한 사람에게는 진지한 얼굴로 대하고 쾌활한 사람에게는 밝게 행동하되, 최대한 적을 만들지 말아야 한다. 힘껏 노력하여 이러한 능력을 몸에 익히기 바란다.
 아들아, 여러 지역을 방문하여 존경받는 사람들과 교제함으로써 너는 잠시 그 지역 사람이 되어볼 수 있을 것이다. 그러면 너는 이미 영국 사람이 아니다. 프랑스인도 아니고 이탈리아인도 아닌, 소위 유럽인이 되는 것이다. 여러 지방의 좋은 풍습을 겸허하게 받아들여 파리에서는 프랑스 사람이, 로마에서는 이탈리아 사람이, 런던에서는 영국 사람이 되는 것이다.
 아들아, 너는 이탈리아어에 자신이 없어 골치를 앓는 모양이더구나. 그런데 프랑스 귀족들을 보렴. 그들은 말을 할 때 자기 스스로는 깨닫지 못하지만, 훌륭한 문장을 읊조리지 않든? 그처럼 너도 깨닫지 못하고 있을 뿐, 이탈리아어를 능숙하게 이해하고 있는 것이다.

무엇보다 너만큼 프랑스어와 라틴어에 통달하면 이탈리아어의 절반은 알고 있는 것이나 마찬가지란다. 사전 따위는 거의 필요없지 않더냐? 다만 숙어나 관용구, 미묘한 표현 등은 실제로 그들과 대화를 해보는 것이 가장 좋다. 상대방의 말에 귀 기울여 듣다 보면 그런 것은 금세 익힐 수 있단다. 그러니 틀리든 말든 개의치 말고, 질문할 수 있을 만큼의 단어와 질문에 답할 수 있을 만큼의 단어를 익혔다면 주저하지 말고 계속해서 사람들에게 말을 걸어라. 프랑스어로 "안녕하세요?"라고 말을 거는 대신 갓 익힌 이탈리아어로 "안녕하세요"라고 하면 된다. 그러면 상대방도 이탈리아어로 대답할 것이다. 그것을 들어서 외우면 된다. 이 과정을 반복하다 보면 어느새 이탈리아어를 능숙하게 하는 자신을 발견할 것이다. 이탈리아어는 네 생각만큼 어려운 언어가 아니란다.

내가 너를 해외로 내보낸 것도 이런 것들을 몸에 익히기를 원해서다. 어디를 가든지 관광만으로 만족하지 말고, 그 지방 깊숙한 곳까지 잘 살펴보고 돌아오기 바란다.

아들아, 현지 사람들과 친밀하게 사귀어 관습이나 예의범절은 물론 언어도 배우기 바란다. 네가 이 정도의 것들을 할 수 있다면 나의 고생은 보답을 받는 셈이란다.

*dear my son*
## 너의 인격을 비추는 거울, 친구

 이 편지가 너에게 도착할 무렵이면, 너는 베네치아에서 흥청대고 소모적인 사육제를 보았겠구나. 토리노로 거처를 옮겨 공부 준비에 열중하고 있니? 나는 토리노에서 머무는 것이 네 공부에 도움이 되기를, 또한 네 학력을 높여주기를 기도한다.

 그런데 아들아, 솔직히 말해서 나는 전에 없이 너를 걱정하고 있단다. 들리는 바로는, 토리노의 전문 학교에 평판 나쁜 영국인들이 많다는구나. 지금까지 힘써 쌓아올린 것을 혹시 무너뜨리지는 않을까 하는 걱정에 땅이 꺼진다. 그들은 무리를 이뤄 거칠고 난폭한 행동을 서슴지 않는 데다 무례하게 굴면서 편협한 심성을 드러내고 있다는구나.

 그런 일들은 자기 동료들 사이에서 그쳐주면 좋으련만, 그것으로 만족하지 못하나 보다. 자기들 패거리에 들라고 압력을 가하거나 권유하며 집요하게 구는 모양이야. 그리고 일이 뜻대로 되지 않으면 상대방을 업신여기는 수법으로 자극한다는구나. 경험이 적은 네 또래의 젊은이에게는 그 방법이 효과를 발휘하겠지. 압력을 받거나 강제로 권유 당하는 것과는 비교도 안 될 정도일 게야. 부디 이런 일에 말려들지 않도록 조심하기 바란다.

대체로 젊은이들은 어떤 부탁을 받으면 여간해서는 싫다고 냉정하게 거절하지 못한다. 싫다고 하면 체면을 구길까 싶어서지. 동시에 상대편에게 미안하기도 하고, 친구들에게 따돌림당하여 고립되고 싶지 않다는 생각도 들고 말이야.

아들아, 그런 생각 자체는 나쁘지 않다. 상대편의 뜻에 맞추고 기쁘게 해주려고 하는 마음은 상대방이 좋은 친구라면 좋은 결과를 낳는다. 하지만 그렇지 않은 경우 뜻하지 않게 상대편의 의사에 휘둘리는 최악의 사태를 가져온다.

만일 너에게 결점이 있다면 거기서 멈추기 바란다. 다른 사람의 옳지 못한 결점까지 흉내 내어 결점을 더 보태는 따위의 일은 해선 안 된다.

*dear my son*

## 진정한 우정을 구분하라

 토리노의 대학에는 온갖 부류가 있을 것이다. 그들과 금방 친해질 수 있고, 또 친구도 될 거라는 생각은 옳지 않다. 당치도 않은 자부심이지.

 아들아, 참된 우정이란 그리 간단하게 손에 잡히지 않는단다. 오랜 시간에 걸쳐서 서로를 잘 알고 이해한 후가 아니면 진정한 우정이 싹트기란 요원하다.

 아, 이름만의 우정이라는 것도 있구나. 젊은이들 사이에 널리 퍼져 있는 우정이 그렇지. 이 우정은 잠시 뜨겁고, 조금 지나면 식어버린다.

 우연히 알게 된 몇몇 동료와 함께 무분별하게 행동하고 놀이에 열중하는 경우, 이것이 진정한 우정일까? 이는 즉흥적인 우정일 뿐이다. 술과 여자와 노름으로 맺어진 우정이라니! 진정한 우정일 수가 없지.

 차라리 사회에 대한 반항심을 내세우면서도 받아들여야 할 것은 수용하는 모습을 보이는 것이 애교스럽겠다. 경박하고 분별없는 그들이 그런 재치를 발휘할 리 없지. 자신들의 값싼 관계를 우정이라고 부르면서 함부로 돈거래를 하고 친구를 위한답시며 소동을 일으키고 싸움질을 할 뿐.

이런 사람들은 어떠한 계기로 사이가 벌어지면 당장 손바닥을 뒤집듯이 상대편 험담을 늘어놓기 바쁘다. 일단 사이가 틀어지고 나면 두 번 다시 상대를 배려하지 않아. 오히려 지금까지의 신뢰 관계가 모래성이었다는 듯 상대방을 배신하고 우롱하지.

아들아, 여기서 한 가지 주의해야 할 것이 있다. 친구와 놀이 상대는 다르다는 점이다. 함께 있으면 즐겁다고 해서 반드시 좋은 친구일까? 아니, 오히려 친구로서 적합하지 않은 사람인 경우가 종종 있단다.

**dear my son**

## 내 편이 아니라도 적으로 만들지 마라

아들아, 네가 누구와 교제하는지가 너를 평가하는 데 어느 정도 영향을 끼친다. 아주 중요한 말이야. 스페인 속담에 이것을 정확하게 나타낸 말이 있다.

"누구와 가깝게 지내고 있는지 가르쳐달라. 그러면 네가 어떠한 사람인지 알아맞히겠다."

부도덕한 인간이나 어리석은 자를 친구로 가진 이는 그 역시도 옳지 못한 행동을 할 거라고 여겨져 경계의 대상이 된다. 혹시 남에게 밝히고 싶지 않은 비밀이 있지 않을까, 하고 의심을 받는 것이다.

그들과 거리를 둘 때 조심해야 할 것이 있다. 부도덕하거나 어리석은 인간이 접근해오면 그들이 눈치채지 못하게 피하는 것이 당연하다. 그러나 필요 이상으로 냉담하게 굴어 적으로 만들어서는 안 된다. 친구로 사귀고 싶지 않은 사람이 한두 명일까? 그 많은 사람을 몽땅 적으로 돌린다면 득이 될 것이 없다.

아들아, 나라면 적으로 삼지도 내 편으로 껴안지도 않고, 중간적인 입장을 택하겠다. 이것이 제일 안전한 방법이라고 생각한다. 옳지 않은 행위는 미워해도 인간적으로는 적대시하지 않는 자세를 견지하자. 일단 그들에게서 적의를 받으면 좋을 일이 없다. 친구가 되는 것보다 낫겠지만, 아무래도 곤란한 일을 당할 우려가 있지.

아들아, 상대가 누구든 간에 말해서 좋은 것과 말하면 안 되는 것, 해서 좋은 일과 안 되는 일을 분간하여 자기 자신을 통제하는 것이 중요하다. 그렇다고 분별 있는 척 굴라는 말이 아니다. 오히려 나쁜 태도야. 상대에게 불쾌감을 줄뿐더러, 사실은 분별없다는 게 드러날 경우 오히려 상대를 화나게 만들 것이다.

진정한 의미에서 사물을 정확히 분별하고 있는 사람은 참 드물단다. 대개는 쓸데없는 일에 마음을 빼앗겨 완고하게 굴든지 혹은 자신이 알고 있는 것과 생각하는 바를 모두 드러내어 적을 만들어버릴 뿐이란다.

*dear my son*
## 자신보다 뛰어난 사람과 사귀어라

 아들아, 어떤 사람과의 교제가 바람직할까? 항상 너보다 뛰어난 사람들과 사귀어라. 뛰어난 사람들과의 교제는 너를 그 수준으로까지 훌륭하게 이끌 것이다. 반대로 너보다 못한 사람과 사귀면 그와 똑같은 인간이 되어버린다.

 몇 차례 말했듯이 사람은 교제 상대에 따라서 수준과 품격이 달라진단다. '뛰어난 사람'이란 가문이 훌륭하다든지 지위가 높다는 의미가 아니다. 내실 있는 사람, 이를테면 세상 사람들이 훌륭하다고 여기는 사람들을 말한다.

 '훌륭한 사람'에는 크게 두 부류가 있다. 먼저 사회에서 주도적 역할을 하는 사람, 사교계에서 화려하게 활동하는 사람 등 사회적으로 뛰어난 사람들이다. 그리고 특수한 재능이나 능력을 갖춘 사람, 특정 분야의 학문이나 예술에 두각을 나타낸 사람 등 전문분야에서 두각을 나타내는 사람들이다.

 물론 스스로의 평가는 기준이 아니다. 세상 사람들이 모두 '뛰어나다'고 인정하는 인물들이어야 한다. 거기에 몇몇 예외적인 인물이 포함되어도 괜찮다. 오히려 그것이 바람직할 수 있다.

사실 교제에 적합한 그룹이란, 단순히 뻔뻔스러움만으로 가입하거나, 어떤 저명인사의 소개로 억지로 들어가거나 해서 각양각색의 사람이 뒤섞인 집단일 수 있다. 가지각색의 인격과 도덕관을 지닌 사람들을 자세히 살펴보는 것은 즐겁고 유익한 일이다. 게다가 그 주류는 우수한 사람들이잖니. 눈살을 찌푸리게 할 만한 인물은 좀처럼 가입할 수가 없지.

그런 의미로 보자면 신분 높은 사람들만의 모임은 그 지방에서 훌륭하다고 인정받지 않는 한 바람직하다고 말할 수는 없다. 신분이 아무리 높아도 머리가 텅 빈 사람, 상식적인 예의도 모르는 사람 등 아무짝에도 쓸모없는 사람이 있기 때문이다.

학식이 높은 사람들만 모인 그룹도 마찬가지다. 사회에서 정중한 대접이나 존경을 받는 것은 사실이지만, 교제에 적합한 그룹이라고는 보기 어렵다. 그들은 상대방의 마음을 편하게 해줄 줄 모르고 세상 돌아가는 이치도 알지 못한다. 그저 학문에만 관심 있는 것이다. 그럼에도 불구하고, 네가 그들 그룹에 들어갈 만한 실력이 있다면, 가끔 얼굴을 내미는 것은 대단히 현명한 일이다. 그로써 너에 대한 평판이 좋아지면 좋아졌지 나빠지지는 않을 것이다. 하지만 그 그룹에 마냥 빠져드는 것은 좀 생각해볼 문제다. 이른바 세상 물정 모르는 학자의 패거리라고 오해받을 수 있고, 이는 사회생활에 장애가 될 수 있으니 말이다.

*dear my son*

# 적당한 거리를 유지하고 교제하라

　재주 많은 인물이나 시인은 대부분의 젊은이가 함께 있기를 바라고 열중하는 상대겠다. 스스로 재주가 있다면 더할 나위 없이 즐거울 것이고, 재주 없는 젊은이는 재주 있는 사람과 교제하는 것을 자랑스럽게 여길 것이다. 그러나 재주 많은 매력적인 인물과 교제할 때는 완전히 빠져들어서는 안 된다. 판단력을 유지하고 적당히 거리를 둔 채 교제하는 것이 바람직하다.

　아들아, 일반적으로 사람들은 영향력 있는 이들이 가끔 꺼내드는 재치를 그다지 기쁘게 받아들이지 않는단다. 오히려 두려움을 느끼기도 하지. 특히 주위에 지켜보는 눈이 많을 때는 날카로운 재치를 더욱 두려워하게 마련이다. 언제 총탄이 자신을 향할지 모르기 때문이지.

　그래도 재주 있는 사람들과 가깝게 지내는 것은 나름대로 의미 있고 즐거운 일이란다. 단, 아무리 매력적이라도 다른 사람들과는 전혀 어울리지 않고 그들하고만 교제하는 것은 신중하게 생각해볼 문제다.

*dear my son*

## 결점까지 칭찬하는 사람을 가까이하지 마라

아들아, 어떻게든 피해야 할 일이 있다. 수준 낮은 사람과 사귀는 일이 그것이다. 인격적 수준이 낮고 덕이 부족하며 지적 수준이 떨어지는 데다 사회적 지위도 볼품없는 사람, 자기 자신은 내세울 만한 장점이 없고 그저 너와 교류한다는 것만을 자랑스럽게 여기는 부류와는 결코 가깝게 지내지 말아라. 그들은 너를 붙잡아두기 위하여 너의 결점까지도 일일이 칭찬할 것이다. 그런 사람들과의 교제는 반드시 피해라.

아들아, 이런 당연한 일에까지 충고할 필요는 없다고 생각하니? 아빠는 수준 낮은 사람과 사귀지 말라는 충고가 꼭 필요하다고 생각한다. 분별 있고 사회적 위치가 확고한 사람들이 수준 낮은 이들과 어울림으로써 신용을 떨어뜨리고 타락해가는 모습을, 나는 너무도 많이 보아왔기 때문이다.

여기서 가장 문제가 되는 것이 허영심이다. 허영심은 인간에게 나쁜 일들을 저지르도록 부추긴다. 어리석은 행동을 하라고 속삭인다. 아무리 따져보아도 자신보다 수준이 낮은 사람과 교제하는 것도 이 허영심 때문이다.

 인간은 자신이 속한 그룹에서 최고가 되기를 바라는 심리가 강하단다. 그러니 동료로부터 칭찬을 듣고 싶고 존경을 받고 싶고 주위 사람들을 마음대로 움직이고 싶어 하지. 그런데 쓸모없는 시시한 찬사를 듣고 싶어서 수준 낮은 이들과 사귄다면, 그 결과는 어떨까? 그렇다, 결국 자신도 그들과 똑같은 수준이 되어버린다. 그로써 훌륭한 사람과의 교제는 물 건너간 셈이지.

 아들아, 한 번 더 강조하마. 사람은 교제하는 상대와 똑같은 수준까지 올라가기도 하고 내려가기도 한다. 사람들은 네가 교류하는 상대를 보고 너를 평가한단다.

dear my son
# 배려하는 자세로 자신을 지켜라

세상에 적 없는 사람은 없고, 모두에게 사랑받는 사람도 없다. 그렇다고 사랑받으려는 노력을 기울이지 말라는 것은 아니다.

나의 오랜 경험에 의하면, 친구가 많고 적이 적은 사람이 세상에서 가장 강하더구나. 그런 사람은 원한을 사거나 질투를 받는 일이 좀처럼 없어서 누구보다 출세가 빠르다. 만일 그 사람이 몰락하더라도 사람들의 동정을 받아 멋있게 몰락하지.

아들아, 나는 항상 마음에 새기고 노력할 가치가 있는 하나의 목표로 친구가 많고 적이 적다는 것을 꼽겠다.

혹시 이미 세상을 떠난 오몬드(아일랜드의 정치가) 공작에 대해 들어봤니? 머리는 나빠도 예의범절에 관해서는 그를 이길 만한 사람이 없었다. 인품이 나라 제일이었지.

오몬드 공작은 본래 싹싹하고 상냥한 성격인 데다가 궁정 생활과 군대 생활에서 몸에 밴 유연한 말과 행동, 자상한 배려가 돋보였단다. 그 매력은 이 사람의 무능력(거의 모든 분야에 걸쳐서 무능력에 가까웠다)을 보충하고도 남음이 있을 정도였어. 누구에게도 좋은 평가를 받지 못했으나, 누구에게나 사랑받았지.

　오몬드 공작의 인품은 앤 여왕(스튜어트 왕조 최후의 여왕)이 죽고 나서 불온한 움직임을 보인 사람들이 탄핵 재판을 받을 당시, 공작에게도 같은 혐의로 형식상 똑같은 처벌을 내릴 필요가 생겼을 때 가장 뚜렷하게 나타났다. 공작이 받은 탄핵은 당시 정당 간의 치열한 다툼에도 불구하고 탄핵 자체는 그를 철저하게 몰락시키려는 신랄한 태도와는 매우 거리가 멀었다. 즉, 공작에 대한 탄핵 결의안은 다른 사람에 대한 탄핵안보다도 훨씬 적은 찬성표로 상원을 통과했단다. 그리고 탄핵의 주동자이기도 했던 당시 국무대신 스탠호프(영국의 군인 및 정치가, 후에 백작이 됨)는 앤 여왕의 뒤를 이은 조지 1세와 재빨리 교섭하는 등 조정에 나서서 다음 날 공작을 왕에게 접견시킨다는 계획까지 세워놓았지. 그때 공작을 빼앗겨서는 이 소송에 이길 수 없다고 판단한 스튜어트 왕조 부활파의 로체스터 주교가 급히 이 머리 나쁜 가엾은 공작에게 달려갔다. 주교는 '조지 1세와 접견해봤자 불명예스러운 복종을 강요당할 뿐 용서받을 수 없다'고 장담하여 공작을 도망치게 했단다. 그 후 공작의 특권 박탈이 가결되자 판결에 항의하는 군중이 치안을 문란케 하는 등 대소동이 벌어졌다. 공작에게는 그만큼 적이 없고 호감을 가진 사람들이 헤아릴 수 없을 만큼 많았기 때문이지.

　어쨌거나 이런 일들의 근본 원인은 공작이 타인을 기쁘게 해주려는 인자한 마음씨를 가졌고, 그것을 몸으로 실천했기 때문이다.

dear my son
# 사랑받도록 끊임없이 노력하라

아들아, 인덕만큼 합리적이고 착실한 의지는 없다. 나의 성공 가능성을 끌어올리는 것은 다른 사람들의 호의와 애정, 그리고 선의이다. 이런 것들을 손에 넣으려면 어떻게 하면 좋을까? 먼저 노력이 필요하다. 이것들을 노력하지 않고 얻은 사람은 없지 않더냐.

내가 말한 사람들의 호의나 애정이란, 연인들 사이의 감상적인 감정이나 친구 사이의 우정처럼 가까운 사이에만 국한된 감정과는 다르다. 우리가 온갖 부류의 사람들과 관계를 맺을 때 상대에게 알맞은 방법으로 기쁨을 제공함으로써 손에 넣을 수 있는 좀 더 넓은 의미의 호의, 애정, 선의를 말한다. 이러한 좋은 감정은 상대의 이해와 대립하지 않는 한 언제까지고 계속되는 법이다. 그 이상의 호의를 얻을 수 있는 대상은 가족을 포함하여 기껏 두세 명이나 될까!

아들아, 나에게 지금까지의 40년 이상의 경험을 기반으로 20세부터 인생을 다시 시작해보라고 한다면, 나는 인생 대부분을 최대한 많은 사람에게 사랑받도록 노력하는 데 할애할 것이다. 지난날처럼 자기에게 관심 가져주기만을 바라는 남성이나 여성의 마음을 사로잡으려고 정성을 쏟지 않겠다. 자기 기분만 중요하고 다른 사람의 기분은 아랑곳하지 않는 사람들은 멀리하겠다. 그보다는 많은 사람의 사랑을 받고, 그 속에서 느긋하게 있는 편이 낫다. 그것은 인생을 살아가는 데 가장 큰 방패다. 남녀를 막론하고 인간이란 인덕에 약한 법이다. 인덕을 방패로 삼은 사람은 성공 가능성도 높고, 그 정도도 크다. 여성도 인덕이 있는 남성에게는 이상하게 마음이 끌리게 마련이지.

아들아, 인덕을 얻는 것은 그다지 어려운 일이 아니다. 우아한 몸가짐, 진지한 눈매, 약간의 배려, 상대를 기쁘게 하는 말, 분위기, 옷차림 등 아주 조그마한 행위들로 상대의 마음을 사로잡을 수 있다.

내가 지금까지 만난 사람 중에는 외모는 아름답지만 조금도 내 마음을 사로잡지 못하는 여성, 사리 분별력은 갖추었지만 아무리 만나도 호감 가지 않는 인물이 많았다. 왜 그런지 너는 이미 알고 있지? 바로 그거야. 그들은 아름다움과 능력에 자신 있었기에, 사람의 마음을 사로잡는 기술을 몸에 익히기를 게을리하였지. 이 얼마나 큰 잘못이냐?

나는 별로 아름답다고는 할 수 없는 여성과 사랑한 일이 있다. 그 여성은 품위 있고 다른 사람을 기쁘게 하는 방법, 이를테면 마음을 사로잡는 방법을 잘 알고 있었지. 내 생애에서 그녀와 사랑했을 때만큼 열중했던 일은 없었던 것 같구나.

*dear my son*

## 사람의 마음을 사로잡는 행동을 익혀라

　아들아, 사람의 마음을 사로잡는 행동은 누구든지 익힐 수 있다. 훌륭한 사람들과 자주 어울릴 만한 지위에 있고 기회가 주어진다면, 또한 그럴 의지만 있으면 반드시 할 수 있다. 자기 마음에 드는 훌륭한 사람들의 말과 행동을 주의해서 관찰하여, 왜 그들이 좋은 인상을 주는지를 분석하여 그대로 해보렴.

　대개는 여러 장점이 한데 어우러진 경우가 많다. 예컨대 태도는 겸손하면서도 당당하고, 경의를 표할 때 비굴하지 않으며, 몸놀림은 우아하고 거만하지 않으며 절도 있을 것이다.

　이렇듯 주요 요인을 알았으면 일단 흉내를 내라. 단, 자신의 개성을 유지해야 한다. 위대한 화가도 처음에는 다른 화가의 작품을 본떠 연습하듯이, 아름다움이라는 관점에서든 자유라고 하는 관점에서든 결코 원작보다 뒤떨어지지 않도록 공을 들여 모방해야 한다.

*dear my son*
# 본보기를 잘 관찰하라

 아들아, 모든 사람이 예의범절도 훌륭하고 호감 간다고 인정하는 인물을 주의 깊게 관찰하렴. 그가 윗사람에게는 어떤 행동과 말씨를 쓰는지, 자신과 대등한 위치의 사람들과는 어떻게 교제하는지, 자신보다 지위 낮은 사람은 어떻게 대하는지를 눈여겨보면 된다.

 그가 오전 중에 방문한 곳에서는 어떠한 내용의 이야기를 하는지, 식탁에서나 저녁 모임에서는 어떤지 등을 제대로 관찰하여 그대로 따라 해보렴. 물론 무턱대고 흉내만 내서는 안 된다. 그 사람의 복제물이 된다는 기분으로 노력하거라.

 그리하다 보면 그가 타인을 가볍게 여기거나 무시하는 일, 자존심이나 허영심을 건드리는 일은 절대로 하지 않음을 느낄 것이다. 또한 상대에 따라서 경의를 표하거나 평가하거나 배려하는 등 상대방을 기쁘게 하여 마음을 사로잡는다는 것도 깨달을 것이다.

 아들아, 뿌리지 않은 씨앗은 절대로 싹을 틔우지 못하는 법이다. 호감 가는 인물 역시 정성을 다해 씨를 뿌리고 풍성한 열매를 수확하고 있는 것이다. 그러니 호감을 얻을 만한 그의 언행을 흉내 내어 반드시 몸에 익혀라. 나는 지금 네 모습의 반 이상이 그런 모방으로 이루어졌다고 생각한다. 중요한 것은 훌륭한 본보기를 선택하는 일, 그리고 무엇이 좋은 본보기인지를 판별하는 일이다.

인간은 평소 자주 대화를 나누는 상대의 분위기나 태도, 장점이나 단점, 사고방식 등을 무의식중에 받아들인다. 내 지인 몇몇도 그다지 총명하지 못하지만 평소 현명한 사람들과의 교제 덕분에 생각지도 못한 멋진 기지를 발휘하곤 한단다.

아들아, 훌륭한 사람들과 교제하면 딱히 신경 쓰지 않아도 어느새 너도 그들과 똑같이 될 것이다. 거기에 집중력과 관찰력이 더해지면 더 바랄 바가 없다. 너는 곧 그들과 대등해질 거야.

*dear my son*

## 다른 사람의 장점을 따라 해라

혹시 네 주변에 호감 가는 사람이 없다면 어떻게 해야 할까? 그럴 땐 누구라도 좋으니, 네 주위 사람들을 유심히 살펴보아라. 아무리 훌륭한 사람도 모든 장점을 다 갖추지는 못하듯, 아무리 보잘것없어 보이는 사람도 반드시 좋은 점 한 가지는 가지고 있단다. 그것을 흉내 내거라. 그리고 좋아 보이지 않는 부분은 너 스스로를 비춰보는 거울로 삼으면 된다.

아들아, 호감을 얻는 사람과 그렇지 못한 사람의 차이를 생각해본 적 있니? 말과 행동, 즉 그 내용은 똑같아도 태도는 전혀 다른 경우가 있다. 그것이 바로 호감을 얻느냐 얻지 못하느냐의 갈림길이다. 세상 사람들에게 환영받는 인물이든 품위를 전혀 느낄 수 없는 인물이든, 말하고 움직이고 옷을 입고 먹고 마시는 것은 다 똑같다. 다른 것은 그 방법과 태도뿐이지.

아들아, 화술이나 걸음걸이 혹은 식사 방법 등이 다른 사람에게 나쁜 인상을 주는지를 잘 관찰해보렴. 그로써 너는 어떻게 해야 좋을지를 자연히 알게 될 것이다.

**dear my son**
## 기품 있는 행동을 익혀라

아들아, 사람의 마음에 호소하려면 어떻게 하면 좋을까? 이에 대해 몇 개 항목으로 나누어 정리해보았다. 너에게 참고가 된다면 참으로 다행이겠다.

얼마 전, 너를 항상 칭찬해주시는 하비 부인의 편지를 받았다. 한 모임에서 춤을 추고 있는 너를 보았는데, 아주 품위 있고 아름다운 몸놀림이었다는 내용이었단다. 나는 정말 기뻤다. 왜냐하면 품위 있고 아름답게 춤출 수 있다면, 일어서는 것이나 앉는 것 또는 걷는 것도 품위 있을 것임에 틀림없을 테니 말이다.

기품 있게 일어서고 걷고 앉는 것은 단순한 동작이지만, 춤을 잘 추는 것보다 훨씬 중요한 일이다. 내가 아는 사람 중에는, 춤은 서툴러도 동작이 아름다운 이는 있지만 춤을 잘 추는데 동작이 흉한 이는 한 명도 없단다.

게다가 일어서고 걷는 데는 품위가 넘쳐도 기품 있게 앉을 수 있는 사람은 그리 많지 않다. 사람 앞에 나서면 기가 죽는 사람들은 대개 부자연스럽게 등을 세우고 딱딱한 자세로 앉는다. 싹싹한데 조심성 없는 성격이라면 의자에 온몸을 맡기듯 기대어 앉지. 이런 자세는 상당히 친한 사이가 아니면 좋은 인상을 주지 못해.

아들아, 일단 마음을 편하게 가지고, 또 겉으로도 그렇게 보이도록 하면서 온몸을 의자에 기대지 않고 여유롭게 앉는 게 모범적인 자세다. 딱딱한 부동자세가 아니라 몸에서 힘을 빼고 자연스럽게 앉아야 한다. 아마 너는 할 수 있을 거야. 아직 잘 되지 않는다면 가능한 한 이에 가까워지도록 연습을 거듭하렴.

아주 사소한 동작의 아름다움은 여성뿐만 아니라 남성의 마음까지도 사로잡는 법이야. 그것은 직장에서도 마찬가지고. 우아한 동작이 얼마나 사람의 마음을 사로잡는지 명심할 일이다.

어떤 여성이 부채를 떨어뜨렸다고 하자. 유럽에서는 가장 우아한 남자든 그러지 못한 남자든 부채를 주워 그녀에게 건네주는 것이 보통이다. 그러나 그 결과에는 큰 차이가 있다. 우아한 남자는 부채를 주워줌으로써 감사의 답례를 받지만, 그렇지 못한 남자는 그 우스꽝스런 동작 때문에 웃음거리가 되고 만다.

아들아, 품위 있게 행동하는 것은 공공장소에 한정되지 않는다. 일상의 장소에서도 그러해야 한다. 평소 작은 일이라고 우습게 여기면, 막상 필요할 때 하지 못함을 명심하렴. 커피 한 잔을 마시더라도 찻잔을 드는 잘못된 방식 때문에 찻잔 속에서 커피가 출렁거려서는 안 된다.

*dear my son*
## 좋은 표정을 연습하라

 사람의 마음을 사로잡는 요인은 여러 가지다. 그중 가장 효과적이고 확실하게 사람의 마음을 붙잡는 것은 표정이라고 생각한다. 그런데 너는 이것을 전혀 알아채지 못하더구나.

 사람은 대부분 자기 용모의 불만족한 부분을 감추고 보충하려고 필사적으로 노력하는 법이다. 아주 작은 부분이라도 말이지. 그다지 잘생기지 못한 용모로 태어난 사람이라면 더욱 그렇다. 조금이라도 좋게 보이려고 고상하게 행동하고, 상냥하게 미소를 지어 보이지. 자칫하면 밀턴의 《실락원》에 나오는 악마처럼 더 무서운 형상이 되지만, 그 노력이 눈물겨울 정도다.

 그런데 아들아, 너는 하느님께서 주신 용모를 고맙게 생각하지 않을뿐더러 그것을 모독하고 있는 것 같구나. 대체 네 얼굴과 그 표정은 어찌 그런 것이냐? 혹시 너로서는 남자답고, 사려 깊고, 결단력 있는 표정이라고 생각하니? 당치도 않은 착각이다. 크게 칭찬해서 봐주어도, 날마다 구령만 붙이며 위엄 있게 보이려고 애쓰는 하사와 똑같은 얼굴이다.

내가 아는 한 젊은이는, 국회의원으로 선출된 지 얼마 되지 않았을 때 사무실에서 거울을 보며 표정과 동작 연습을 하다가 들켜서 웃음거리가 되었다. 하지만 나는 웃을 수가 없었어. 오히려 이 젊은이가, 비웃는 사람들보다 훨씬 사리 판단을 잘하고 있다고 느꼈다. 공공장소에서의 표정과 동작이 얼마나 중요한지를 그는 잘 아는 것이다.

이렇게 말하면 너는 분명 이렇게 묻겠지.

"그렇다면 온화한 표정을 유지하도록 온종일 신경을 쓰라는 말씀이세요?"

아니지, 하루 종일 신경을 쓰라는 것이 아니다. 2주일 정도면 충분하다. 2주일 동안이라도 좋으니 좋은 표정을 짓는 연습을 하기 바란다. 그 후에는 표정을 의식하지 않아도 돼. 너는 하늘이 주신 얼굴이기 때문이다. 지금까지 무관심으로 모독해온 것의 절반이라도 좋으니 꼭 노력하거라.

dear my son
# 호감 주는 표정을 연구하라

아들아, 눈가에서 항상 부드러운 표정이 떠나지 않도록 해라. 전체적으로는 미소 짓는 듯한 표정이 좋다. 그런 의미로 성직자의 표정을 조금 본떠보면 좋겠다. 선의 넘치고 자애 가득한, 엄숙하면서도 열정이 담긴 표정 말이다. 이런 표정은 사람의 마음을 끌어당길 만큼 매력적이라고 보는데, 너는 어떻게 생각하니? 물론 표정만 좋은 것은 아니다. 대개 사람의 표정에는 마음이 뒤따른다. 그래서 그들의 표정이 사람들의 마음을 사로잡고 호감을 느끼게 하는 것이다.

아직도 표정을 바로잡는 일이 귀찮니? 1주일 동안 단 30분만 노력하면 되는 일이다. 이해되지 않는다면 다르게 말해보겠다. 너는 왜 그토록 능숙하게 춤추는 방법을 배웠지? 그것도 귀찮은 일이었을 테고, 적어도 의무는 아니었을 텐데 말이다. 너는 이렇게 대답하겠지.

"사람의 마음을 사로잡기 위해서입니다."

정답이다. 너는 왜 좋은 옷을 입고, 머리를 파마했지? 그 역시 귀찮은 일이지 않더냐? 머리는 모양이 어찌 되든 그대로 두는 것이 편하고, 양복도 얇고 낡은 것을 걸치는 쪽이 행동하기에 편할 것이다. 그런데 왜 그런 것에 신경을 쓰지? 너는 아마 이렇게 대답하겠지.

"사람들에게 좋은 인상을 주기 위해서입니다."

맞아, 정답이다. 그것을 알고 있다면, 그다음은 도리에 따라서 행동하면 된다. 춤이나 옷차림이나 머리 모양보다 더 근본적인 표정을 연구하는 것이다.

표정이 나쁘면 춤 솜씨도, 차림새도, 머리 모양도 부질없다. 더욱이 네가 춤출 일은 기껏해야 일 년에 6~7회 정도지만, 너의 표정은 365일 하루도 빠지지 않고 사람들의 눈에 노출되지 않더냐.

dear my son
# 때로는 알아도 모르는 척하라

아들아, 알고 있는 사실을 모르는 척하는 것이 때로는 크게 도움 되는 지혜가 아닐까 싶구나. 너는 어떻게 생각하니?

예컨대, 누군가가 무슨 이야기를 하려고 할 때 모르는 척한다. 그 사람이 묻는다.

"이러이러한 이야기 들어보셨죠?"

네가 대답한다.

"아뇨, 못 들어봤는데요."

이미 아는 이야기라도 모르는 척하여 상대가 계속 말하도록 유도하는 것이다.

때론 이야기하는 자체에 기쁨을 느끼는 사람도 있단다. 지적인 발견에 대해 이야기함으로써 자존심을 만족시키고 싶어 하는 사람도 있다. 어떤 중요한 이야기를 남들보다 먼저 알고 있을 만큼 자신이 신뢰받는다고 자랑하고 싶어 떠드는 사람도 있다(이 경우가 대부분일 수도 있지).

때론 "이런 이야기를 아십니까?" 하는 질문에 네가 "예" 하고 대답해버리면 그 사람은 실망하고 말 것이다. 그는 결국 너를 '눈치없는 사람'으로 규정하고 상대하지 않으려고 할 것이다.

아들아, 개인적 중상이나 좋지 못한 소문이 귀가 따가울 정도로 들리더라도, 흉금을 터놓는 친구가 아니라면 아예 못 들은 척해라. 이런 경우는 대개 듣는 쪽도 이야기하는 쪽과 다름없이 나쁘게 여겨지기 쉽다. 그런 화제가 입에 오르면, 실은 다 알고 있는 내용이라도 전혀 모르는 척 가장하고, 정상을 참작하겠다는 입장을 취해라.

이처럼 아는 척하지 않는다면, 우연한 기회에 정말 모르고 있던 정보를 완벽하게 얻을 수도 있단다. 사실 이 방법이야말로 정보를 수집하는 최상의 방법이기도 하지.

dear my son
## 싸움에 임할 때는 완전무장을 하라

대체로 인간은 아무리 하찮은 일에서라도 한순간이나마 더 높은 위치에 올라 허영심을 만족시키고자 원한다. 그래서 절대 함구해야 할 비밀도, 상대는 모르지만 자신은 알고 있음을 과시하고 싶어서 얼결에 실언하고 만다. 그때, 모르는 척 시치미를 떼자면 정보를 얻음은 물론 득을 볼 수도 있다. 예컨대 네가 정보 입수에 전혀 관심도 없다고 보이기에, 상대는 너를 음모나 질 나쁜 계략과 아무 관련 없는 인물이라고 믿는 것이다.

그렇게 무언가를 알았다면 그에 대한 정보를 수집해야 한다. 어설프게 들은 정보는 자세히 조사해야만 가치가 있다. 정보를 수집할 때는 현명하게 굴어야 한다. 항상 또는 시종일관 귀를 곤두세우거나 직접 질문하는 것은 옳지 않다. 그러면 상대는 이내 경계 태세를 취하고, 같은 이야기만 몇 번이고 반복할 테니 시시한 정보밖에 나오지 않는다.

아들아, 모르는 척 시치미를 떼는 것과는 반대로 때로는 당연히 모든 것을 알고 있는 척 구는 것도 효과적이다.

"아, 그 이야기 말씀인가요?"라며 친절하게 모든 것을 말해주는 사람이 있는가 하면, "이런 이야기를 들었는지 모르지만 사실은……"하며 말해주는 사람도 있다. 더 알고 싶은 것이 있느냐고 이것저것 캐물으면서 정보를 제공해주는 사람도 있다.

이처럼 생활의 지혜를 능수능란하게 활용하기 위해서는 항상 자신과 주변에 주의를 기울이고 냉정해야 한다.

아들아, 그리스 신화의 영웅 무적의 아킬레우스도 전쟁터로 향할 때는 완전무장을 했다. 사회는 너에게는 전쟁터와 다름없다. 항상 완전무장을 하고, 약점에는 갑옷을 한 벌 더 걸친다는 마음가짐을 가져라. 사소한 부주의, 조그마한 방심이 치명상을 입힐 수 있음을 명심하렴.

dear my son
# 사회에서 친분 관계는 일종의 실력이다

몽펠리에에 머물고 있는 너에게 이 편지가 잘 배달되길 바란다. 모쪼록, 몽펠리에에 있는 하트 씨의 병도 완쾌되어 크리스마스 전까지 파리에 도착하기를 기도한다.

파리에는 너에게 꼭 소개하고 싶은 두 분이 있다. 모두 영국인인데, 주목할 만한 분들이다. 그분들과 친하게 지내도록 하렴.

한 분은 여성이다. 물론 이성으로 친숙한 관계를 맺으라는 말은 아니다. 그 문제는 내가 관여할 바가 아니지만, 유감스럽게도 그 여성은 50세가 넘었단다. 전에 너에게 디종까지 가서 한번 만나뵈라 했던 그 하비 부인이다. 파리에서 이번 겨울을 보내신다는구나.

하비 부인은 궁정에서 태어나고 자랐단다. 궁정의 쓸모없는 부분을 제외한 좋은 부분, 즉 바른 예의와 기품과 친절함 같은 것을 다 갖추셨지. 식견도 높고, 여성으로서 읽어야 할 책은 모두 읽었을 뿐만 아니라 라틴어도 자유자재로 구사하신단다.

사람들이 눈치채지 않도록 그 모든 것을 능숙하게 감추고 계신 그녀는 너를 친자식처럼 대해주실 것이다. 너도 그 부인을 나의 대리

인으로 생각하고 의지하렴. 무엇이든 의논하고 부탁드려라. 나는 하비 부인처럼 모든 것을 갖춘 여성은 없다고 확신한단다.

아들아, 대답하는 방법이나 언행, 예법 등 부족하고 합당치 못한 점들이 발견되면 그때마다 지적해주십사 부탁드려라. 온 유럽을 다 뒤져도 하비 부인만큼 이 역할을 잘 해낼 분은 없으니까.

너에게 소개하고 싶은 또 한 사람은, 너도 안면 있는 한팅던 백작이다. 내가 너 다음으로 애정을 쏟고 높이 평가하는 사람이지. 나를 양아버지처럼 따르고, 사실 나를 그렇게 부르고 있단다. 그는 뛰어난 자질과 폭넓은 지식을 갖추고 있다. 그를 종합적으로 평가하자면, 이 나라에서 가장 훌륭한 청년이라고 말하고 싶구나.

아들아, 이들과 친숙한 관계를 맺어두면 언젠가는 반드시 좋은 일이 생길 것이다. 게다가 그들 역시 나의 심정을 헤아리고 너와 친숙하게 지낼 생각을 하고 있다. 너를 위해서도 두 사람과의 관계가 긴밀해지길, 교제가 가치 있기를 바란다. 너는 분명히 그리할 수 있을 것이야!

dear my son

# 친분을 쌓고 인맥을 활용하라

아들아, 우리가 살아가는 세상에서는 친분이 필요하다. 관계를 신중하게 구축하고 잘 유지해나간다면, 누구든 틀림없이 성공한다.

친분에는 두 가지가 있으니, 그 차이를 항상 염두에 두고 행동하기 바란다.

하나는 대등한 연고 관계다. 이는 자질이나 역량이 거의 대등한 사람 간의 호혜적인 관계로 교류와 정보 교환이 비교적 자유롭다. 대등한 관계는 서로의 능력을 인정한다는 전제와 상대방이 서로를 위해 힘써준다는 확신 없이는 성립하지 않는다. 이 관계의 밑바탕에는 상대방에 대한 존경심이 깔려 있다. 때때로 이해가 대립하더라도 서로 조금씩 양보하면 최종적으로 합의에 도달하기 쉬우며, 좀처럼 깨지지 않을 상호 의존 관계이다.

내가 한팅던 백작과 너에게 바라는 것이 바로 이런 관계이다. 두 사람 모두 거의 비슷한 시기에 사회에 진출할 것이다. 그때 네가 백작과 거의 대등한 능력과 집중력을 갖추고 있다면, 너희는 다른 젊은이들과도 손을 잡아 어떤 행정기관도 무시할 수 없는 집단을 결성

할 수 있을 것이다. 또 이를 거듭함으로써 함께 발전해나갈 수 있을 것이다.

다른 하나는 대등하지 않은 연고 관계다. 한쪽에는 지위나 재산이 있고, 다른 한쪽에는 소질과 능력이 있는 경우다. 이 관계에서는 도움을 받을 수 있는 쪽은 하나뿐이다. 그 도움마저도 겉으로 드러나지 않도록 교묘하게 덮여 있는 경우가 많다.

도움을 받는 쪽은 상대의 비위를 맞추거나 마음에 들도록 행동하면서 그 우월감을 인정하려고 애쓴다. 그런데 도움을 베푸는 쪽은 머리가 잘 돌아가지 않는 상태라 핵심을 놓친 채 조종당한다. 후자는 자신이 상대편을 잘 조종하고 있다고 착각한다. 그러나 결국 상대방의 의도대로 움직이는 것이다. 이런 사람을 잘 움직이면 간혹 조종하는 쪽은 커다란 이익을 얻곤 한다.

이런 경우에 대해 예전에 너에게 편지를 쓴 일이 있는데, 기억하니? 이와 비슷한 예는 얼마든지 있단다. 그만큼 한쪽에만 이익을 주는 이 관계가 보편화되어 있다는 뜻이지.

*dear my son*
## 라이벌을 상냥하게 대하라

아들아, 네가 싫어하는 사람을 다정하게 대하는 방법을 알아두는 것은 매우 중요하다.

그런데 젊은이들은 그 방법을 알아도 막상 실천에 옮기는 것은 힘들어하지. 그들은 사소한 일에도 금세 흥분해 앞뒤 없이 군단다. 직장 생활이나 연애 문제에서도 그렇지만, 자기 생각을 비난당하면 당장에 상대를 싫어해버린다.

아들아, 젊은이들에게는 라이벌도 적과 다름없어. 라이벌이 눈앞에 나타나면 노력해서 잘 행동하려고 해도 곧 어색해한다. 냉담한 태도나 무례한 태도를 취하기 일쑤고, 어떻게든 상대방을 넘어뜨릴 생각만 하지. 이것은 터무니없는 처사다. 상대방에게도 좋아하는 일이나 여성을 선택할 권리가 있지 않겠니? 게다가 그런 생각 자체가 그들에게 통찰력이 부족하지 않다는 방증이지.

아들아, 라이벌에게 냉담하게 대한다고 너의 소원이 이루어질 일은 없다. 오히려 경쟁자끼리 싸우고 있는 틈에 제삼자가 끼어들어 이익을 챙기는 경우가 종종 있다.

물론 자신이 처한 사태가 그리 단순하지는 않을 것이다. 어느 쪽도 그리 간단하게 방향을 전환할 수 없을 거야. 일이든 연애든 간섭받기를 별로 원치 않는 미묘한 문제임에 틀림없으니까. 그러나 원인을 제거하지는 못할지라도 결과가 어떻게 될지는 알 수 있겠지.

예컨대 연적 관계인 두 사람이 서로를 노려보고 있다고 해보자. 이때 두 사람이 서로를 외면하거나 욕지거리를 주고받으면, 그 자리에 있던 사람들은 틀림없이 불쾌해할 것이다. 심지어 그들이 사랑하는 여성 역시 불쾌해할 것이 뻔하다.

그러나 어느 쪽이든 한쪽에서, 진심은 어떻든지 겉으로는 상냥하고 자연스럽게 대한다면 어떻게 될까? 다른 한쪽의 인물이 초라해 보이겠지? 여성은 상냥하게 응대하는 쪽에 호감을 가질 것이다. 한편 상냥한 응대를 받은 쪽은, 그 태도를 상대방의 자신감 표현이라고 해석하며 오히려 여성을 책망할 것이 틀림없다. 그러면 여성은 그러한 이성적이지 못한 태도에 화가 나 그를 더 멀리하겠지.

*dear my son*

## 좋은 라이벌을 성공의 열쇠로 삼아라

아들아, 자기감정을 억제하고 겉으로 냉정함을 유지할 줄 알아야 일적인 면에서 경쟁하는 라이벌을 이길 수 있다.

프랑스인들은 '은근한 태도'라는 말을 즐겨 쓴다. 이 말은 연적에게 싫어하고 미워하는 감정을 노골적으로 내보이는 소견 좁은 인간에게 각별히 상냥하게 대하라는 의미다. 더 쉽게 설명하기 위해서 내 경험을 이야기하마. 네가 나와 비슷한 상황에 놓일 경우 네게 도움이 되면 좋겠구나.

내가 오스트리아 왕위 계승 전쟁에 대해 참전을 요청하러 네덜란드 헤이그에 갔을 때의 이야기다. 군대의 수 등을 구체적으로 결정하는 협상을 성사시켜야 했지.

헤이그에는 너도 잘 아는 대수도원장이 있었는데, 그는 프랑스 편에 서서 어떻게든 네덜란드의 참전을 막으려 하고 있었다. 나는 대수도원장이 두뇌가 명석하고 마음도 따뜻하며 성실하고 부지런한 사람이라는 말을 들었다. 그리고 서로 숙적이라는 이유로 친하게 지낼 수 없음을 매우 유감스럽게 생각하였지. 하지만 제삼자가 마련한 자리에서 그를 처음 보았을 때, 나는 이렇게 말했다.

"비록 나라끼리는 적대 관계입니다만, 우리라면 그것을 뛰어넘어 서로 가까이 지낼 수 있으리라 생각합니다."

그러자 대수도원장도 "저도 그렇게 생각합니다"라며 정중한 태도로 대답해주었다.

이틀 후, 내가 아침 일찍 암스테르담 의회에 나가자 벌써 대수도원장이 나와 있더구나. 나는 대수도원장과 서로 아는 사이임을 대의원들에게 알린 뒤 부드러운 미소를 지으며 말했다.

"나의 오랜 숙적이 이 자리에 계시니, 대단히 유감스럽습니다. 이런 말씀을 드리는 이유는, 이분의 능력이 벌써 나에게 두려움을 심어주고 있기 때문입니다. 이래서는 공정한 싸움이 되지 않겠지요. 부디 이분의 힘에 굴복하지 말고 이 나라의 이익만 생각하시기를 부탁드립니다."

그날, 나는 이 말을 다는 못했더라도 마지막 한 마디만은 무슨 일이 있어도 해야 했었다고 생각한다.

나의 말에, 그 자리에 있던 모든 사람이 미소를 지어 보였다. 대수도원장도 나에게 정중한 찬사를 받은 것이 그리 싫지 않았는지, 15분쯤 후에 자리를 뜨더구나.

나는 설득을 계속하였다. 전과 다름없는 태도로, 그러나 전보다 더 진지하게.

"내가 여기에 온 이유는 오직 네덜란드의 국익을 위해서입니다. 나의 친구는 여러분의 눈을 현혹하기 위해서 허식이 필요했을지 모르지만 나는 그런 것을 모두 벗어던지고 진실만을 말씀드리고자 합니다."

결국 나는 목적을 달성했다. 그리고 지금은 대수도원장과 동등한 위치에서 사귀고 있지. 제삼자가 마련한 장소에서 만났을 때는 물론, 어디서 만나든 변함없이 정중한 태도로 대하면서 서로의 근황을 묻곤 한단다.

*dear my son*

## 라이벌을 정중하게 대하라

아들아, 당당하고 떳떳한 사람으로서 라이벌을 대하는 데는 두 가지 방법이 있다. 극단적으로 친절하게 대하거나 그를 굴복시켜버리거나.

만약 상대가 갖가지 술수로 너를 모욕하거나 경멸한다면 주저할 게 뭐니? 굴복시켜버려라. 하지만 마음의 상처를 조금 입은 정도라면 겉으로는 예의 바르게 대해야 한다. 그것이 상대에 대한 보복이다. 어찌 보면 자신을 위한 방식이기도 하다. 이것은 상대편을 기만하는 일이 아니다. 네가 그의 가치를 인정하고 친구가 되고 싶다면 비겁한 태도일 수 있으나, 그런 사람과는 친구가 되지 않는 게 좋다. 나 또한 친구가 되라고 권하지 않는다.

공식석상에서 노골적으로 실례되는 태도를 행하는 이에게 정중하게 말한다고 해서 비난받을 일은 없다. 대다수 사람은 네가 그 자리를 원만하게 수습하고 있으며, 주위 사람들에게 불쾌감을 주지 않으려고 노력한다고 여길 것이다. 세상에는 개인적인 취미나 질투로 주위를 소란하게 해서는 안 된다는 암묵의 동의가 있기 때문이다.

그것을 태연하게 어기는 자는 세상 사람들의 웃음거리가 되고 동정 받지 못하는 법이다.

우리가 사는 이 사회에는 심술과 증오, 원한과 질투 등이 소용돌이치고 있다. 그리고 노력하는 사람보다 열매만 따가는 적은 수의 교활한 인간이 있다. 흥망성쇠도 심하다. 오늘 흥했는가 싶으면 내일 망해버리기도 하지.

이런 사회에서는 예의 바르다거나 언행이 부드럽다거나 하는, 실질적인 것과는 상관없는 장비까지 몸에 겸비해야만 살아남을 수 있다. 내 편이 언제 적으로 돌아설지 모르고, 적이 언제 내 편이 될지 모르기 때문이다. 그러니 아들아, 마음속으로는 미워해도 겉으로는 상냥하게 대하고, 매사 매순간 신중을 기하기 바란다.

dear my son
## 너무 튀지 않는 옷차림을 하라

아들아, 너도 네 옷차림에 대해서 신경 쓸 나이가 되었구나. 나는 옷차림으로 사람의 인격을 헤아리곤 하는데, 다른 사람들도 그렇지 않을까 싶다.

나는 상대의 옷차림에서 조금이라도 잘난 척하는 분위기를 느끼면 그의 사고방식도 약간 비뚤어지지 않았을까 하고 판단한다.

현재의 영국 젊은이들은 옷차림으로 자기주장을 하는 듯하다. 거창하게 차려입거나 화려한 복장을 한 사람은 알맹이가 없음을 감추려고 일부러 위압적인 차림을 한 게 아닌가 싶지. 한편, 옷차림에는 전혀 관심을 두지 않아 궁정 사람인지 마부인지 통 구별되지 않는 사람 역시 그 내면을 의심하지 않을 수 없다. 두 경우 모두 기분 나쁜 차림새다.

아들아, 사리를 분명하게 분별하는 사람은 옷차림이 너무 개성적이지 않도록 마음을 쓰는 법이다. 즉, 자신이 특별하게 눈에 띌 만한 옷차림을 삼간다. 그 지역의 지식인이나 그 사회의 사람들과 똑같은 정도의 옷차림과 치장을 하지. 옷차림이 지나치게 화려하면 들떠 보이고, 너무 초라하면 신경을 쓰지 않아 보여 실례가 되는 셈이란다.

내 생각에, 젊은이는 약간 화려하다고 할 정도의 옷차림이 좋다. 화려한 차림새는 나이가 들면 점점 수수해지거든. 40대에는 사회에서 밀려나고, 50대에는 남이 귀찮아하는 신세가 되지 않더냐.

따라서 주위 사람들이 화려한 옷차림이라면 자신도 화려하게, 간소하게 입었다면 자신도 간소하게 하는 것이 좋다. 그러나 어느 때고 바느질이 잘 되어 있고 몸에 꼭 맞는 옷을 입어야 한다. 그렇지 않으면 어색하고 부자연스러워 보인다. 그리고 일단 그날 입을 옷을 결정하고 입었다면 두 번 다시는 옷차림에 대해서 생각하지 말아라. 조합이 이상한지, 색깔 조화는 잘 되었는지 등에 신경 쓰다 보면 동작이 딱딱해진다. 일단 몸에 걸치고 나면 옷차림일랑 더는 생각 말고 아무것도 걸치지 않은 것처럼 자연스럽고 기분 좋게 행동해라.

머리 모양에도 신경을 써야 한다. 머리 스타일은 옷차림의 일부니까. 양말은 흘러내리지 않게 하고, 구두끈은 확실하게 매어라. 지저분한 발만큼 점잖지 못한 인상을 주는 것은 없단다.

*dear my son*

## 항상 청결에 신경 써라

아들아, 다른 사람에게 좋은 인상을 주려면 무엇보다 청결해야 한다. 너는 손이나 손톱을 항상 깨끗하게 하고 있겠지? 식사 후에 이는 반드시 닦겠지?

치아는 특히 중요하단다. 언제까지고 자기 이로 음식을 씹을 수 있으려면, 견디기 힘든 치통을 경험하지 않으려면 주의를 게을리해서는 안 된다. 또 치아가 상하면 고약한 입 냄새로 주위 사람들에게 대단히 실례란다.

아들아, 너는 제법 건강한 이를 가지고 있지만 나는 그렇지 못하단다. 젊었을 때 주의를 게을리했기 때문에 지금 엉망이지. 식사가 끝나면 따뜻한 물과 부드러운 칫솔로 4~5분 동안 닦고, 매일 5~6회 양치하는 습관을 들이거라. 마침 그곳에 유명한 전문의가 있다고 들었다. 하루라도 빨리 찾아가서 이상적인 치열이 되도록 교정하길 바란다.

dear my son
## 실천이 최상의 공부임을 명심하라

　아들아, 너는 이미 사회인으로서 첫발을 내디뎠구나. 나는 아버지로서 언젠가는 네가 크게 성공하기를 간절히 바라고 있단다. 세상을 살아가는 데는 실천이 무엇보다 훌륭한 공부다. 동시에 모든 일에 대한 배려와 집중력도 필요하지.
　편지 쓰는 일을 예로 들어 사회인이 몸에 지녀야 할 상식적인 요소를 정리해보마.
　아들아, 비즈니스 편지를 쓸 때는 확실하고 분명한 뜻을 전달하도록 해라. 세상에서 가장 머리가 나쁜 사람이 읽어도 의미를 이해하지 못하거나 헷갈려서 처음부터 다시 읽는 일이 없도록 명확하게 써야 한다. 그러려면 무엇보다 정확성이 필요하다. 여기에 품위를 곁들인다면 더 말할 나위 없겠지.
　비즈니스 편지에 개인적인 표현, 즉 상대방이 좋아하는 일반적 은유나 비유, 대조법이나 경구 등을 사용하는 것은 어울리지 않는다. 차라리 산뜻하고 품위 있게 정리된, 구석구석까지 세심한 배려가 깃든 문체가 바람직하다. 옷차림에 비유하자면 정장은 좋은 느낌을 주지만, 지나치게 화려하거나 단정하지 못한 차림새는 좋은 느낌을 반감시키는 것과 같다.

그리고 글을 쓸 때는 단락마다 제삼자의 눈으로 다시 읽어보아라. 다른 뜻으로 받아들여질 우려가 없는지 꼭 확인해야 한다. 대명사나 지시대명사에도 주의하렴. '그것', '이것', '본인' 등등을 너무 많이 사용하여 오해를 일으킬 정도라면, 다소 길어지더라도 명확하게 '○○씨', '○○의 건'이라고 명시하는 편이 좋다.

또한 비즈니스 편지에서는 정중함이나 예의를 무시해서는 안 된다. 오히려 '귀하를 알게 되어 영광…'이라든지, '제 의견은…'처럼 경의를 표하는 것이 중요해. 해외에 있는 외교관은 국내에 편지를 보낼 때 대개 윗사람인 각료나 후원자(혹은 후원자가 되어주기를 바라는 사람)에게 쓰는 일이 많으니, 특히 이 점에 주의하렴.

아들아, 편지지를 접는 방법이나 봉하는 방법, 수신인의 주소나 성명을 쓰는 방법 등 사소한 데서도 그 사람의 인격이 나타나는 법이다. 물론 좋은 인상이나 나쁜 인상을 주는 것도 여러 가지가 있지. 너는 별로 대수롭지 않게 여기는 모양이던데, 그러한 점까지 배려하는 것을 잊지 않도록 해라.

그리고 필체는 비즈니스 편지에서 꼭 중요한 것은 아니지만, 잘 갖추면 바람직한 요건 중 하나다. 화사하지 않고 보기에 좋아야 한다는 것은 그런 의미에서 중요한 요소이지. 그러나 이것은 비즈니스 편지로서는 총정리라고 말할 수 있는 것이니, 아직 밑바탕이 완성되지 않은 너에게 이런 장식적인 부분까지 신경 쓰라고는 하지 않으

마. 문자나 문체를 지나치게 장식하면 오히려 역효과가 나므로 간소하면서도 품위 있고, 위엄을 느끼게 하는 것이 가장 좋다. 그러한 편지를 쓰도록 늘 노력해라.

　문장의 길이는 너무 길거나 너무 짧지 않게 하렴. 의미가 확실하게 전달될 정도의 길이가 바람직하다. 너는 간혹 맞춤법이 틀리던데, 그것도 사람들의 비웃음을 사는 부분이니 조심하도록 해라.

　아들아, 그런데 네 글씨는 왜 그렇게 엉망인지 나는 도저히 이해할 수가 없구나. 글씨를 쓸 줄 알고 읽을 줄 아는 사람이라면 아름다운 필체를 쓸 수 있다고 생각하는데 말이다. 나는 진정으로 네가 글씨를 좀 더 잘 쓰기를 바란다.

　아들아, 글씨본 속 글자처럼 한 자 한 자 신중하게 긴장하면서 쓰라는 게 아니야. 사회인이라면 글씨는 아름답게 쓸 수 있어야 한다. 그러려면 오직 꾸준한 연습이 필요하겠지.

　지금부터라도 아름다운 글씨를 쓰는 습관을 몸에 익히렴. 신분 높은 사람에게 편지를 쓸 일이 생겼을 때, 글씨 같은 사소한 데 신경 쓰지 않고 내용에만 정신을 집중할 수 있도록 말이다.

*dear my son*
## 마무리를 잘하는 습관을 들여라

젊었을 때 공부가 부족했기 때문에, 유사시에도 작은 일에 마음을 빼앗겨 큰일을 처리하지 못해 비웃음을 산 사람이 있다. 그는 '작은 일에는 통이 큰 사람, 큰일에는 소심한 사람'이라고 불렸다. 큰일에 대처해야 할 때도 작은 일에만 마음을 빼앗겼기 때문이지.

아들아, 지금 너는 작은 일에 신경 써야 하는 시기에 있고, 또 그런 지위에 있다. 지금부터 작은 일을 잘 마무리하는 습관을 몸에 익혀두어라. 머지않아 너에게 큰일이 맡겨질 거야. 그때는 작은 일에 구애받지 않도록 지금부터 만반의 준비를 해두는 것이 좋겠다. 내 사랑하는 아들아….

인간이 가진 본성 중 가장 깊은 자극은
'중요한 사람'이라고 느끼고 싶은 욕망이다.
_ 존 듀이